はじめての明晰夢

夢をデザインする心理学

松田英子

朝日出版社

はじめての明晰夢

夢をデザインする心理学

はじめに

私たちは、目まぐるしく変わり、先行きの見えない時代を生きています。現実世界で待ち受けているのは、経済格差がもたらす社会の分断、テクノロジーの発達が招くＡＩと人間の仕事の奪い合い、そして少子超高齢化に伴う現役世代の負担増。資源不足、物価高騰、増税、社会保障の縮減、と列挙すればきりがない中、さらに追い打ちをかけるように、頻発する自然災害や未曾有のウイルスによるパンデミックが私たちの未来を曇らせています――これからも仕事があるのか、はたして未来は明るくなるのか……。現実に直面すればするほど、未来について思いを馳せれば馳せるほど、つい鬱屈した気持ちになってしまいます。

でも、大丈夫。現実世界では自分の力だけでコントロールできないことが多いとしても、寝ている間にみる夢は自分の思うままになるかもしれないとしたらどうでしょうか？　なんと言っても、人間は一日の3分の1をベッドの上で過ごしていて、人生の12分の1は夢をみているのですから。毎日が忙しく、睡眠をただのルーティンとしてこなしている現代人が多いと思いますが、実は毎日の眠りには、生活をより良くするチャンスがたくさん落ちているのです。

毎晩みる夢には、その人自身の状況によってさまざまな種類や性質のものがありますが（覚えていない日の方が多いかもしれません）、「自分はいま夢をみている」と自覚でき、その後の夢の展開を自分の思いどおりにコントロールできる「明晰夢《めいせきむ》」というものがあります。起きている時には決して思いつかないような、奇想天外なシチュエーションが展開されていく夢の世界を楽しみながらも、その中の自分の行動を、起きている時と同じように自在に操ることができる明晰夢。明晰夢は夢でありながらも、夢の中での感覚は現実以上に研ぎ澄まされ、鮮明だと体験者は言います。そんな現実を超えた体験である明晰夢は創造的であり、古今東西、多くの人たちの興味を喚起し、それをみるために人はこれまで飽くなき挑戦を続けてきました。

そんな明晰夢をみるためにはまず、人間がなぜ夢をみるのかを、人間の脳の仕組みや夢の機能から理解する必要があります。そもそも夢には現実世界の自分が見聞きした体験が反映され、一方で夢からは、自分の意識しない心の領域の動き——いわゆる無意識をキャッチすることができます。意識下で自分が本当は何を考えているのか、何に心が傾いているのか、何に悩んでいるのかを、心理学的なヒントを上手く使って夢の中から見つけることで、現実世界の毎日をより心地よく過ごすことができるでしょう。夢は日々を生きやすくするライフハックだともいえます。夢と上手に付き合っていくうちに、夢をみること自体が楽しみになり、少しずつ眠りの時間や習慣を意識的に調整できるようになり、そしてだんだんと夢の内容までコントロールできるようになるかもしれません。

この本では大きく三つのステップを踏みながら、毎晩みる夢を明晰夢に近づけていきます。まずは睡眠と夢の仕組みを知り、その上で明晰夢の特徴を掴むため、夢みる人のパーソナリティや夢として表れる感覚や情動、眠りと夢の関係について理解を深めます。そして、最後のステップでは実践編として、入眠前、睡眠中、覚醒後と順を踏んで、先人たちが編み出した明晰夢をみるための技法についてご紹介していきます。明晰夢を時々楽しんで、日々の睡眠が整っていけば嬉しいですね。

さあ、今晩から「はじめての明晰夢」にトライする旅に出ましょう。

3 明晰夢をみるために

❶ 睡眠、記憶のメカニズムと明晰夢

第一夜

あなたは毎晩みる夢を楽しんでいますか？

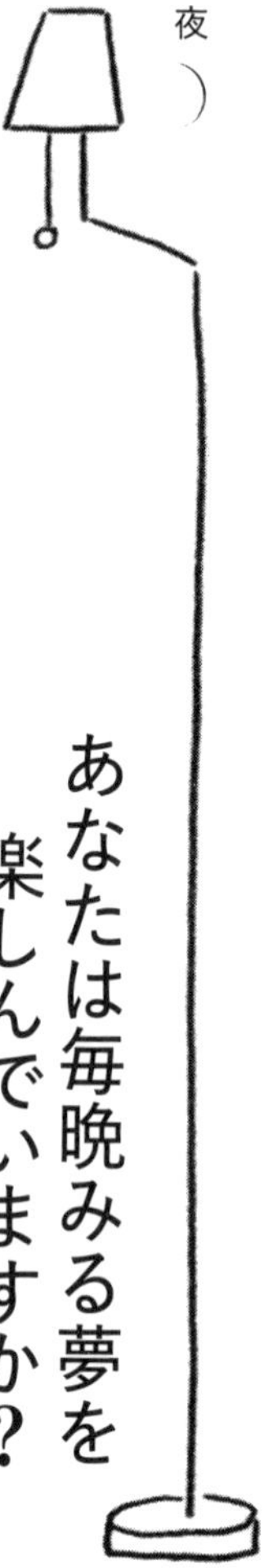

毎晩のようにみている夢を思い出す時、何かに追いかけられたり殺されそうになったり、乗り遅れないようにと慌てたり、準備が間に合わないと焦ったりと、嫌な感情を伴う夢が多かったと感じることはありませんか？　また、たまにとても楽しい夢をみて、もう一度味わいたいけれど詳細は忘れてしまった、あるいは続きがみたいけれどなかなか上手くいかない、といった体験もあるのではないでしょうか？

起きている時はこんなに頑張っているのだから、寝ている時くらい「いい夢」をみたい。みなさんも一度は必ずそう思ったことがあると思います。基本的に、夢は睡眠中の脳内で自動的に起こる情報処理過程なので、自分の意識で操作できるようにはできていません。しかし、ある程度自分の意志で夢の内容をコントロールできるとしたら、眠りの時間はとても楽しくなるはずです。

本書では、これから眠りとより上手く付き合っていくために、そしてさらには、睡眠中に「自分が夢をみている」と自覚しながらみる「明晰夢」の体験という大きな目標に向けて、夢について一歩ずつ理解を深めていきたいと思います。

夢をみる仕組み

私たちは誰もが一晩に三つから五つほどの夢をみる、と言うと驚かれる方もいることと思います。毎晩みる夢は、私たちの睡眠中に出現する心理・生理現象で、一晩にみる夢の数は、体調や生活環境の影響を受ける睡眠時間の長さと睡眠リズムによって変わります。寝ている時の脳と身体の状態から、人間の睡眠は二種類に大別できます。

一つは「レム睡眠」（レム＝REM：Rapid Eye Movementの頭文字）、二つ目は「ノンレム睡眠」です。レム睡眠というのは、脳波は起きている時に近いけれど身体はぐったりしている状態で、そのとき眼球だけは高速運動しています。一方ノンレム睡眠は、脳はしっかり休んでいるけれど、眠りの段階によって身体はある程度動く状態のことです。ノンレム睡眠は、まどろみの浅い睡眠（ステージ1）から、呼びかけてもなかなか起きない深い睡眠（ステージ4）まで、四つの段階に分けられます（図1）。

　浅い睡眠から深い睡眠まで、四つのステージが連続するスペクトラムとなっているノンレム睡眠と比べて、レム睡眠は少し変わっています。一般的にレム睡眠は、脳が覚醒していることから「浅い睡眠」と思われていますが、実はそれほど単純なものではないのです。レム睡眠中、内臓の働きや呼吸などに関わる不随意筋は自動的に動いているものの、眼球運動以外の身体の随意筋はぐったりと動きません。身体が不活発であるにもかかわらず、脳内の活動レベルが覚醒時と同等以上なので、レム睡眠は「逆説睡眠」とも呼ばれます。

　私たちが夜ベッドに入り、部屋を暗くして目をつぶっていると、脳は覚醒状態から徐々にノンレム睡眠のステージ1へと入っていきます。そこからステージ2、3、4と深く眠りに入り、またステージ3、2と浅い眠りに戻ってくるリズムを刻みます。しばらくすると、ノンレム睡眠とは異なる様相のレム睡眠が生じます。私たちはこのレム睡眠の時に、ストーリー性のある情報豊かな夢をみていることがわかっています。夢の体験がノンレム睡眠時にもあることもわかっていますが、その際は比較的断片的な思考活動が多いようです。睡眠の長さによって、一晩に訪れるレム睡眠の数（図1

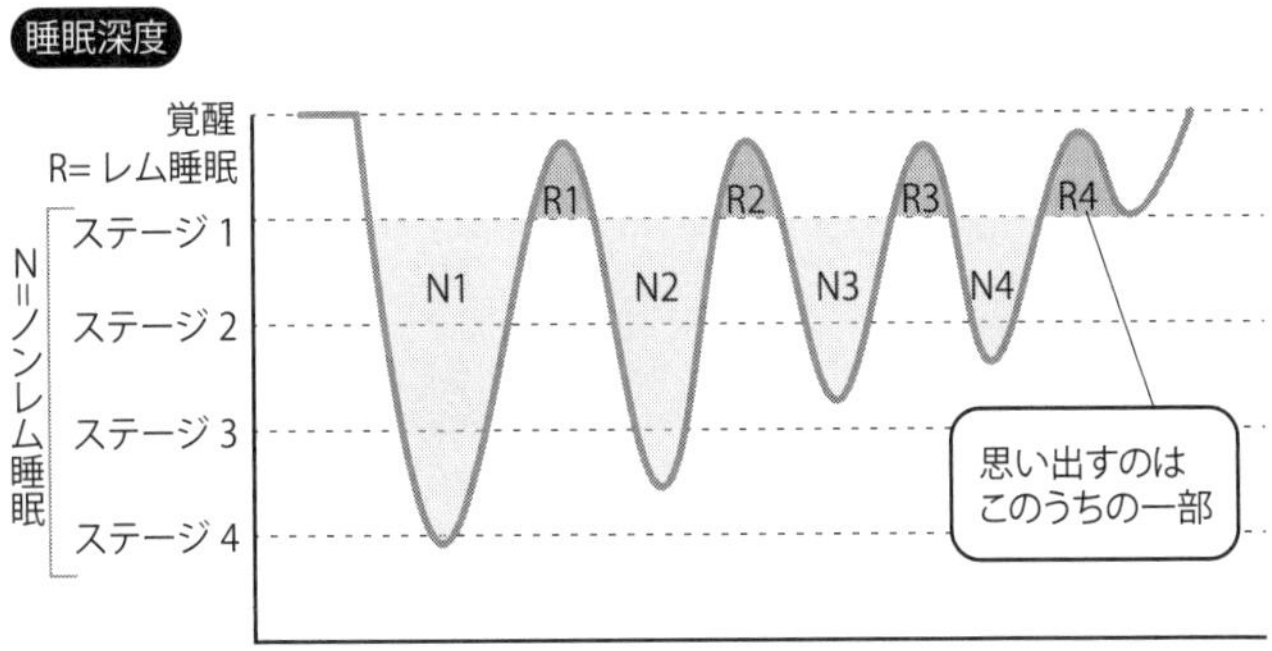

［図 1］一晩の睡眠ダイヤグラム

ではR１〜R４）も変わってきます。ノンレム睡眠からレム睡眠に移行するサイクルは約90分なので、その日の睡眠時間から、みた夢の数が大体推測できるのです。その中でも、目覚めに近くなるほどレム睡眠の持続時間は長くなり、私たちが夢として覚えておくことが可能なのは、目が覚める直前のレム睡眠中に起きた夢の一部であることが多いのです。寝入りばなの、浅いノンレム睡眠のステージ１や２でも、そのタイミングで睡眠実験室にいる被験者を起こせば夢の報告はあるのですが、一晩寝た後では、その時の夢はなかなか覚えていないということになります。

夢の研究史

このような、夢をみる仕組みがわかるまでには、長い夢の研究の歴史がありました。夢の研究はジークムント・フロイトの時代まで遡ると１３０年ほどの歴史があります。フロイトの精神分析学的な夢研究は、その第一世代といえます。

あらゆる学問のルーツは哲学にあり、心理学も哲学から生まれました。古代ギリシアの偉大な哲学者アリストテレスは、動物に周期的に訪れる生理現象として、睡眠と覚醒の関係に関心を持っていました。覚醒中の活動時間と休息としての睡眠時間の重要性について考察し、万人に与えられた睡眠の平等性についても指摘しています。

日本においても、奈良時代の『万葉集』には夢を詠んだ和歌があり、鎌倉時代や室町時代には、夢を語り、夢を読み解き、そして夢をもらう習慣まであったようです。『曽我物語』には、北条政子が「高い山に登って太陽と月を摑んで着物の左右の袖に入れた夢」をみた妹から、その夢を買った後、源頼朝の妻になったというエピソードが書かれています。さらに江戸時代にも、三代将軍徳川家光が、夢に出てきた祖父・

家康の姿を幕府御用絵師の狩野探幽に何枚も描かせて大切にしていたようです。フロイトの『夢判断』（１９００）に代表される精神分析以前にも、人々ははるか昔から夢に関心があったのです。

19世紀末までは、睡眠に付随する不純物と捉えられてきた夢に、無意識下での個人の体験、そしてそれに伴う感情や世界観が反映された資料としての価値があることを見出したのが、夢研究の第一世代です。しかし、夢と睡眠のメカニズムがまだ理解されていない時代であったため、夢に登場した人物や事物をシンボルとして解釈しようとして、深層心理学からやや神秘主義の方向へと進んでいきました。

その後、夢研究は１９５３年にレム睡眠が発見されてから、第二世代がスタートします。レム睡眠の時には、自動的に起こる眼球運動以外、身体の筋肉が弛緩している一方で、脳の活動レベルは目覚めている時に近く活発で、身体を休めている間に脳が記憶情報を整理しながら、鮮明でストーリー性のある奇怪な夢をまとめ上げていることがわかりました。夢をみる仕組みの生理学的基礎を解明し始めた世代といえましょう。

レム睡眠と夢の機能

このように夢の研究は１９５０年代前半、入眠時の緩徐《かんじょ》眼球運動（眠くなった時にフワーっとなる目の動き）の観察を機に偶然発見された、レム睡眠と夢との密接な関連の発見によって飛躍的に進みました。神経科学の立場から夢研究の第三世代をリードし、局所的な脳損傷がある患者の夢を研究しているマーク・ソームズは、「レム睡眠（お腹が空いて泣いている赤ちゃんの空腹）と夢（泣くこと）を同一視することは過ちである」と、レム睡眠と夢を分けて捉える考え方を、２０００年頃に提言しています[1]。なぜならば彼の患者には、レム睡眠の生成部位（橋網様体《きょうもうようたい》）に損傷があっても夢の機能が保たれているケースや、脳の頭頂側頭後頭接合部もしくは前頭葉腹内側部白質の損傷によって夢はみなくなったけれど、レム睡眠は依然として保たれているケースがあったからです[2]。

ここではひとまずソームズの指摘を踏まえ、レム睡眠と夢の機能を分けて考えていきましょう。これまでさまざまな研究者が唱えてきた、レム睡眠に仮定される三つの機能をここで整理してみます。まず一つ目は「記憶の整理と弁別」。これは、レム睡眠中の私たちの脳内で、記憶情報の入ったフォルダを整理しているということです。ここ最近出会った人や入眠前にインプットされた情報など、時間的に近接した記憶と既に整理されている情報群との関連付けが、レム睡眠中に行なわれているようです。

二つ目は「記憶の固定と消去」です。毎日膨大な量の情報が脳に入力されっぱなしでは、脳に負荷がかかってしまいます。脳の容量のデフラグ化（情報の断片化を解消するために並び替えたり整理したりする処理）のために、今後も取っておくものや一時的に保存した後で消去するものなど、記憶情報の重要度の弁別をしているようです。レム睡眠の最後の機能は「記憶にまつわる感情の処理」です。みなさんもぐっすり眠ると、気持ちがスッキリした経験があるのではないでしょうか？　寝ている間にネガティブな感情を収束させ、ポジティブな感情を発現させる。まるで、レム睡眠中に心のお掃除をしてくれているようですね。睡眠の途中で飛び起きるような「中途覚醒」を引き起こす悪夢は、感情の処理が途中で止まってしまった例で、中途覚醒を引き起こすほどではない悪い夢は、きちんと処理した結果といえるでしょう。

レム睡眠の機能の一つである記憶の整理がなされている夢をご紹介します。直近で接した情報が、記憶のプライミング連鎖（先行する情報が次の情報処理に影響を与え連想を引き起こすこと）を起こし、既に整理されている古い情報群とそれらの関連付けが頭の中で行なわれ、脳内の記憶情報を保存したフォルダが整理される仕組みを示しています。

著者が２０２１年４月にみた夢

青森県Ｈ市のＫさん夫妻を訪問した。私と夫が二人でゴージャスなホテルのエントランスを抜け、らせん階段を上がっていくと、和風の土産物屋がある。桜の花びらの細工がほどこされた木製のお箸を選ぶ。夫が夫婦箸になるように、二膳選んでくれる（ピンクと水色が見える）。Ｋクリニックの院長先生であるＫさんが、奥さんを迎えに行こうと呼びに来た。

この夢を例に、近接した情報と、記憶の貯蔵庫から引っ張り出された情報との連鎖を考えてみましょう。

〈直近の出来事〉

・夢をみた前日、H市出身の卒業生（華やかな雰囲気の女性）から、臨床心理士試験に合格し、四月から気持ちを新たにクリニックで働くと連絡があった。

・前日に美容室に行った時に、職人の丁寧な手仕事について話した。いつもお願いしているネイリストさんとの会話の内容（「（加齢とともに視力が落ちたら）老眼鏡かけても、頑張って爪に細やかなデザインをする」）を美容師さんに伝えた。

〈連鎖して引っぱり出された情報〉

・Kさん夫妻は夫が医師、妻がカウンセラーで、H市でクリニックを経営している（華やかな雰囲気のお二人）。

・Kさん夫妻のペットである犬の赤ちゃんと猿の赤ちゃんを見に行きたいが、新型コロナウイルスの感染拡大で、旅行予約の受付がストップしている。本当は東北の桜の見頃であるゴールデンウィークに訪問したかったが、緊急事態宣言の発令もあり難しそうだと感じている。

・自分の両親が今年喜寿なので、お祝いの品に箸やカップなどを探していたが、まだこれといった品が見つかっていない。

「H市」「クリニック」の共通項から情報が引き出され、「職人の手仕事」の話題がミックスされ、未達成の事柄（延期となっていた「訪問」、まだ購入できていなかった「お祝いの品」）が出てきています。こうやって自分の夢を冷静に分析してタネ明かししていくと、それこそ「夢がなくなる」かもしれませんが、夢のトリガーとなっている出来事と記憶のフォルダから引っぱり出された情報、そして、両者が合体する要となる情報の類似性について、理解が深まり面白いと思います。

　この夢の一例からもうかがえるように、人はレム睡眠の中で、記憶の整理や固定、感情の制御を行なっているという考えは、さまざまな研究から支持されています。夢の内容には、その人の関心の高いことや気がかりなこと、最近のトピックスが出てきますので、やはりそこで記憶の整理が行なわれているということは間違いなさそうです。

　さらに、その人の中で似たカテゴリーに入る事象（「ゴージャス」「華やか」）や、類似性の連想から引っぱり出されてきた情報（「桜」「赤ちゃん」「新人」）の場合もあると思います。印象に残った最近の夢を分析してみると、「なるほど！」と納得することも多いと思いますので、みなさんもぜひ巻末の「自分だけの夢分析日記」シート（180ページ）を使ってやってみてください。

そして、私たちが普段覚えている夢は、主にレム睡眠中の情報処理の一部のみが、覚醒した瞬間に認識されたものです。どんな記憶が「夢」として残るのかと考えながら、今度は、夢に仮定される三つの機能をここで整理してみます。

夢の三つの機能

①**「イメージ上の危機のリハーサル」**：夢に出てきやすいのは各人にとっての重要な情報（懸案の事項、未解決の課題など）が多く、寝ている間の夢の中で私たちは、予測される困難な事態のシミュレーションをしているのではないかという仮説です。イメージ上ですから実際の危険はなく、危機対処の予行練習が夢でできることになります。

②**「創造的問題解決」**：①の危機のリハーサルとも関わるのですが、仕事上で困難な事態を打開しよう、なんとか問題を解決しよう、と何度も考えたことによって

起こる、発見や発明などです。曲を作る、詩を書くなどといったクリエイティブな職業の方は経験があるのではないでしょうか。夢はひらめきの発生装置ともいえるのかもしれません。

③**「自己の感情への気づき」**：夢を通して自分が何を望み、何を恐れているのか、その気づきを得ることができます。夢をどう捉えるかによって、自分の起きた時の気分やその後の思考や行動にも影響を与えます。

このように夢研究の第三世代は、夢をみている時の脳内の情報処理活動を調べることで、脳の構造や機能から、夢をみるメカニズムを解明しようとしています。脳の構造学的研究からは、頭頂葉に損傷がある場合は夢見そのものが無くなり、前頭葉辺縁系領域に損傷がある場合には過剰に鮮明な夢見が、また、側頭葉辺縁系領域に損傷がある場合には悪夢が生じやすいということがわかっています（図2）。最新の脳科学においては、これまでは客観的に解析することが困難だった、個人がみた夢の内容に含まれる事物を推測する試みにも取り組まれています。日本の国際電気通信基礎技術研究所（ATR）の研究チームは、本人に頼らず夢の報告を成立させるために、夢をみ

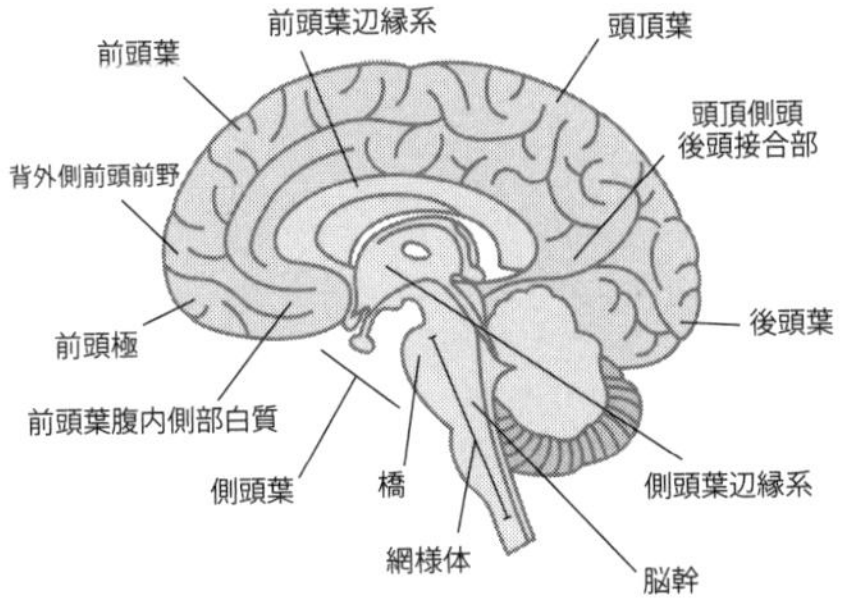

［図２］夢に関わる脳の機能［3］

ていた時の被験者の脳の活動データと、夢に出現した事物に関するウェブ画像を見せた時の人間の脳の活動パターンのマッチングをＡＩで図る、という画期的な研究で世界をリードしています［4］。

また、脳の生化学的な機能に関する研究からは、一般的に夢の記憶が儚く、覚醒とともに雲散してしまう特徴を持つのは、レム睡眠中は「近時記憶」に不可欠な脳内生化学システム（神経細胞ニューロン間や神経回路で起きる生化学反応を制御するシステム。我々のあらゆる心の働きを支える）が活動を停止するからだということもわかっています［5］。

記憶に関する脳内生化学システムを大まかに説明すると、レム睡眠中はアミン作動性ニューロン（脳を構成する神経細胞。ニューロン間では、セロトニン・ドーパミン・オレキシンを放出し、人間の感情の調整や覚醒の調節を担う）の発火が止まり、「この体験を記憶するな」という状態になります。記憶を固定するには一旦目を覚まし、アミン作動性ニューロンを活性化させ、記憶システムを立ち上がらせなければなりません。一方、夢の中でも悪夢は、恐怖の情動の強度が高すぎるがゆえに中途覚醒を引き起こすので、その内容を記憶できると考えられます。本当は悪夢の方が覚えておきたくない気持ちになりますけれどね。そういった意味では、過剰に鮮明で詳細に想起できる夢は、通常の夢ではなく特殊な夢だといえます。

夢は自分だけの個人史を上映する映画

私は「夢」という心理・生理現象を説明する際、よく次のように例えます。就寝中の脳内は、外界からの出入りが緩やかに遮断された、個人に関する記憶情報を保存する資料館のようなものであり、サブリミナル記憶も含めて、我々が生まれてから体験してきた物事の記憶が、カテゴリー別にライブラリーに貯蔵されている状態だと考えます。

レム睡眠になると脳の夢見にかかわる部位が連携して、それらの記憶情報に自動的にアクセスを始めます。つまり、さまざまなカテゴリーごとに保存された自身の記憶情報から映像ディスクをいくつか引っぱり出して合成し、脳内で上映したものが夢体験となるのです。すなわち夢とは、レム睡眠中に自分の記憶をまとめ上げながら、自分にしか見えない形で映画を上映しているようなものだと考えられます。ですから、夢はお告げのように外側からやってくるものではなく、自分自身の体験が素材になって内部で生成されたものなのです。

　繰り返しになりますが、夢とは元々覚えられるようにはできておらず、嫌な夢ほど覚えていやすい。その中で思い通りの夢をみるというのは困難なことですが、それでも「夢はどこまでコントロールできるか」をテーマに、生理学的・心理学的に取り組んだ成果が、「明晰夢」の研究です。明晰夢とは、「自分がいま夢をみていると自覚する夢」のことです。夢の中で「何かがおかしい」と、現実との違いに気づき、自分が登場する夢をみている自分を自覚することは、自分が出演する映画の上映を自覚的に見ているような感じになります。明晰夢をみながら、これは夢なのだから、と夢の筋書きをコントロールできる人もいます。現代において明晰夢は、悪夢をみる患者さんの夢をポジティブに変容させる支援法としても使用されています。

第二夜

いま夢をみているとわかっていながらみる夢

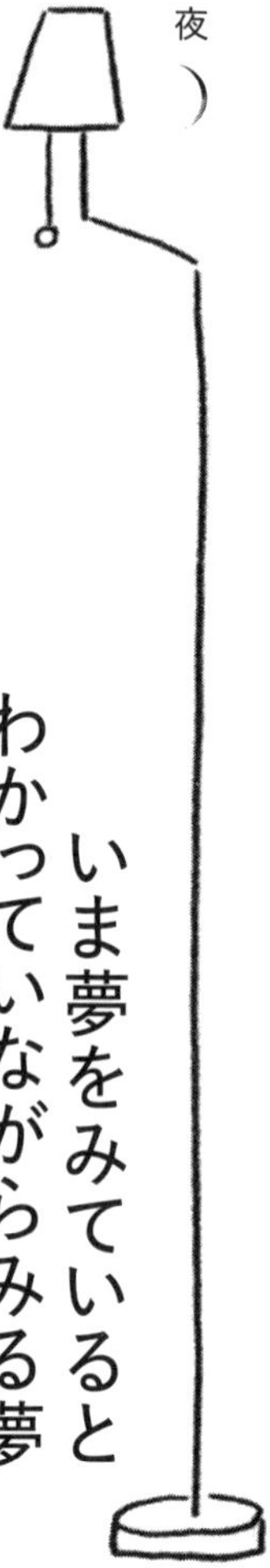

日中起きている時に私たちは、「いま自分は目覚めているのだ」と自覚することは少ないものです。眠気が増した時や集中力がアップしていわゆる頭脳明晰になる時など、意識レベルが変化した後に時々気づくくらいでしょう。また、「寝ているのだ」という意識も寝ている最中にはなく、目が覚めた後、寝ていたのだなと人は気づきます。同様に、夢をみている時にもふつう「いま自分は夢をみているのだ」という意識はなく、目覚めた後に夢をみていたことに気づきます。ただし稀に「明晰夢」と言って、自分がいま夢をみていると自覚する夢があることをお話ししました。

明晰夢となるための前提条件は、「夢をみている自分を客観視し、それを自覚できること」です。心理学ではこれをメタ認知機能の現れと捉えます。その条件をクリアした明晰夢をみる人の中には、自分の意志にもとづいて、夢の内容または夢見そのものをコントロールできる場合もあります。この明晰夢の特徴について、もう少し詳しくお話ししましょう。

夢の中でメタ認知ができるか

一般的な夢では、夢の内容は自分でコントロールすることができず、非論理的にストーリーが展開していきます。しかし夢をみている最中は、夢の展開の奇怪さに対して、論理的におかしいと疑問を持つことはありません。夢の中で推論が難しいのは、脳の表面部分である大脳皮質のうち、記憶や認知・判断に関係する背外側前頭前野と、未経験の出来事についての判断を司る前頭極という部分がレム睡眠中は不活性化し、メタ認知機能が低下するからだとわかっています。そのため夢の中では、批判的思考や意志によるコントローラビリティ（自己操作性）が制限されます。したがって、目が覚めた後に夢の内容が思い出せると、（夢の中ではおかしいとは思わずに）「なぜかこうなっていた」「なぜかこうしていた」と感じることが多いでしょう。

明晰夢は、このような一般的な夢とは異なる特徴を持ちます。夢をみる人の特性やその時のコンディションによって、自覚、批判的思考、意志によるコントローラビリティにも差がみられます。そのため、明晰夢には「夢と覚醒時の事物・人物の違いに気づく」「いま自分が夢をみていると知りながら夢を続けることができる」「その後の夢のストーリー展開をコントロールできる」など、それぞれ階層があるのです。脳の解剖学的研究によれば、明晰夢をみる頻度が高い人は、前頭極の灰白質（大脳皮質の表層に近く神経細胞があるところで、情報処理を行なう部位）の容積量が多いことも指摘されています[6]。

よく明晰夢をみる人には、その人ごとに決まった夢のスクリプト（筋書き）があります。以前、幼児の頃によく明晰夢をみていたと話す女子高校生に出会いました。彼女はゲームやアニメ、漫画がとても好きな生徒で、夢の中でいつも「今日は何にしようか」と、任天堂のゲーム機Wiiのメニュー画面で明晰夢の設定を選んでいたそうです。彼女の場合、明晰夢の中でも夢のコントローラブル（ここでは夢の設定）とアンコントローラブル（ここでは夢の筋書きの展開）を楽しんでいたようです。また、子どもの夢にはゲームの登場が多く、時代や文化の影響が見られます。

夢は脳が情報処理を行なっている最中

夢は自分だけの個人史を上映する映画のようなものだと先ほど例えましたが、どう展開するか予測不可能な映画をイメージの中で体験している一般の夢とは異なり、ストーリーをコントロールできる明晰夢の場合は、自分自身が出演する映画のプロデューサーをしている感じになりますね。自分の納得のいく結末で夢を終えることも可能でしょう。

脳の構造や機能から夢を研究した第三世代では、夢をみている最中の脳では「情報の整理や定着化」をしていると考えられています。テスト前夜の一夜漬けの勉強の効果は残念ながら一日しかもちません。受験勉強など、覚えたことをしっかりと長期記憶に定着させたい場合には、十分に睡眠をとった方が良いことを示す研究はたくさんあります。夢見を含む睡眠は、私たちがこの世の中で生きていくために不可欠な「学習」を支えています。心理学では、学習とは「経験することにより行動に持続的な変化が生まれること」と定義されます。私たちは新生児としてこの世に生まれてから、学習を積み重ねて今の自分に至っています。学習は、複雑で常時変化する世界で、生物がなんとか適応し生き残るためにある優れたシステムです。その意味で、夢は自分にまつわる資料を復習できる、貴重な心理現象といえるのです。

夢の中での記憶情報の処理の仕方については、毎日インプットされる膨大な情報から記憶に定着させるべき情報を分類し、不要なものを消去して脳の機能を適正に保つという「不要情報消去仮説」から、必要なものを再処理する「再処理仮説」、将来必要そうな情報をもとにイメージ上で対処をシミュレーションするという「シミュレーション仮説」まで、さまざまな説があります。人がみた夢を可視化して、脳の情報処理を司る部位との関わりを検証して、それぞれの夢が第三者でも確認できる客観的指標にならない限りは、どの仮説が正しいのかを検証することは難しいのですが、いずれにしても、夢をみることは私たちがこの世の中をより良く生きるために重要な機能であると考えられています。

印象深い出来事が夢のトリガーになる

夢の引き金となる刺激には、日常の中でも特に印象深かったものが多いようです。現実にあった出来事がその日の晩に夢に出てくることもあれば、一週間ほど経ってから出てくることがあります。これは「夢のタイムラグ効果」と呼ばれています。大学生にドラマチックな映画を観させて夢に取り込まれる効果を調べた実験では、映画を観た初日と六日目、七日目で夢に取り込まれる度合いが高かったという実験報告もあります[7]。夢と現実の出来事を日記に併記しておくと、何がトリガーとなってその夢をみたのか、どんな記憶がミックスされてその映像になったのかがわかってきます。慣れてくると、夢の内容を思い出した瞬間に、何と何が結びついてこの夢になったのか、瞬時にわかります。

ここで、私が実際にみた夢をもとに、夢に表れる情報の連鎖を分析し、現実の出来事がどう夢に取り込まれるのか、そして、明晰夢をみるヒントについてお話ししたいと思います。現在大学に勤務している私は、毎週五時限に三、四年生専門のゼミを担当しています。ファッション業界の一流ブランドから内定をもらっていた学生Xさんの髪色が、就職活動中とは一転してビビッドなオレンジ色に変わったことについて、本人と言葉を交わしました。その晩にみて、翌朝思い出した夢は次の通りです。

　Xさんがつやつやの黒髪で（オレンジではないなと思った）、うつむいている。何か悩んでいるのではと心配して声をかけると、子どもを妊娠したという。三年生なので休学を勧めるべきか、本人にどう声をかけたら良いか考えているうちに、Xさんは四年生だったことに気づいた。

　Xさんにどうしたいのか尋ねると、本人は産む覚悟を決めていた。「四年生だから何とかなるよ」と本人を励まし、「相手はこのこと（妊娠）を知っているの？」と問うと、「彼はこれから大学院入試だからまだ言っていない」と言う。

　相手の男性を紹介してもらったが、これまでに面識がない学生だと気づいた。その人は、はつらつとして体育会系のような短髪で、友人も多く何の悩みもないような好青年だった。私はXさんのことを応援すると心に誓ったところで、目が覚めた。

　この夢の「引き金刺激」は「ビビッドなオレンジ色の髪」です。しかし夢の中では、Xさんはつやつやの黒髪でした。この時点で「これは現実とは異なるのでおかしい」と気づき、そこで目を覚まさずに自分はいま夢をみているのだと自覚し、その夢をみ続けることができれば明晰夢になります。さらに、私は夢の中で「Xさんは四年生である」「青年の顔は見たことがない」と確認し、覚醒時の生活の状況を思い出せています。明晰夢の条件には至らないですが、メタ認知機能がわずかながら働いており、明晰夢に転じる可能性がおおいにあった夢でした。

　そして、現実世界でゼミの授業をしている際に、一瞬頭をよぎった四年生の進路に関する不安を夢の中で思い出しました。競争の厳しいファッション業界への進路を決め、ビビッドなオレンジ色の髪となったXさんのほか、大学院の入試結果を待っている学生、卒業そのものが心配な学生など、数々の学生に関する記憶が引っぱり出されました。夢の後半の展開には、人生は逆境がつきものだけれど、学生がそれを乗り越えて、それぞれが決めた道で満足のいく生活を送れることを信じて、送り出すしかない教員の気持ちがよく表れていると自己理解しました。実際、長年の教員人生の中で、在学中に子どもを授かり、きちんと卒業して立派に社会人として活躍している卒業生がいることを知っているという自信も、夢に表れたかもしれません。

第三夜

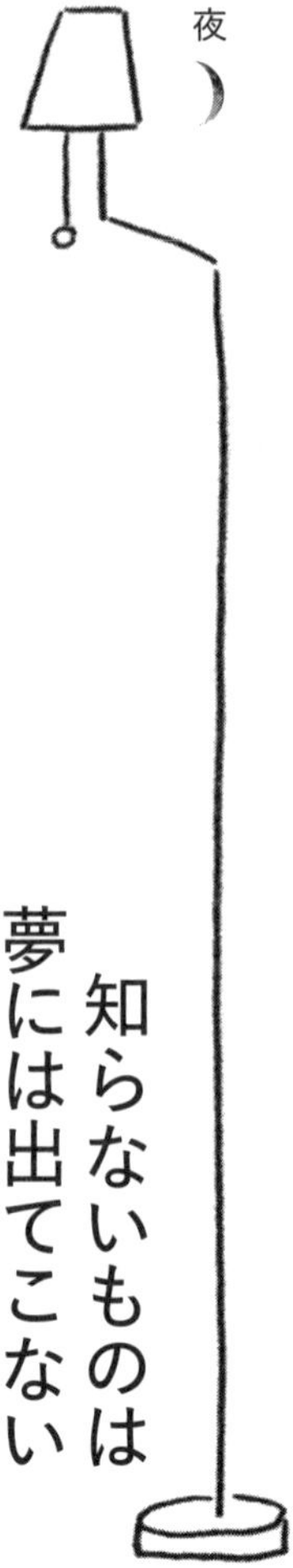

知らないものは夢には出てこない

夢をみているレム睡眠中は、記憶情報を定着させたり整理したりしていることをこれまでにお話ししてきましたが、次に、夢に出てくる情報と記憶の関係について、もう少し深掘りしていきたいと思います。

赤ちゃんの頃のレム睡眠が脳の神経細胞をつくる

私たち人間がより良く生きていくために必要不可欠な条件は「学習」です。記憶する、計算する、練習によって技術の向上を図る、といった学習を支えるシステムには、脳の神経細胞間の接続部であるシナプスが重要な役割を果たしていると考えられています。第一夜で記憶情報の保存庫をフォルダに例えましたが、実際の保存先はこのシナプスです。生まれた時の大脳皮質の神経細胞の数は140億個、シナプスは125兆個とも推計されていますが、シナプスはその人が置かれた環境での経験の影響を受けて数も構造も機能も変化するため、個人差は大きくなります。

　生まれたばかりの新生児は、一日に占める睡眠時間が長く、うち比率としてはレム睡眠とノンレム睡眠がそれぞれ50％ずつになります。二～三歳の幼児になると、レム睡眠が約30％／ノンレム睡眠が約70％、児童期にはレム睡眠が約25％／ノンレム睡眠が約75％と、睡眠時間の短縮とともに割合も変化し、その後、青年期以降初老期まではレム睡眠が約20％／ノンレム睡眠が約80％で維持されていきます。乳児から幼児までの間に脳の神経基盤を整えることは生存のために重要で、この大事な時期に割合が多いレム睡眠は、シナプスの形成に大きな役割を果たすと考えられています。

　また、シナプスは、神経伝達物質と呼ばれる化学物質を媒介して、情報伝達や保存とその調整を行なっています。鎮静・抗不安作用を持ち、眠れない時に服用する睡眠改善薬といった、心や身体を整えるための服薬は、実はシナプスで放出・回収する化学物質をも調節しているので、睡眠のみならず夢にも影響している可能性があります。最近眠りが浅いな、嫌な夢ばかりみるなという場合は、心や身体の病気・怪我の治療で服用している薬を見直してみましょう。

上手く生きるためにあえて忘れる

生存のために重要なのは、必要な情報を長期的に保存し、不要な情報を忘却することです。人間は海馬で記憶情報を振り分けていると考えられています。記憶は、大まかには「記銘」「保持」「想起」の三つのプロセスを経ます。そして保持時間の長さに応じて心理学では、記憶は「感覚記憶」「短期記憶」「長期記憶」の三つに分けられます。

感覚記憶は、視覚・聴覚・触覚などの記憶で一瞬にして忘れ去られます。短期記憶は「ワーキングメモリー（作業記憶）」とも呼ばれ、一時的に情報を操作、処理するワークスペースです。つまり容量があり、それを超えると情報が保持されずに漏れていきます。長期記憶は頑健で永続的な記憶です。忘却されない強固な記憶は複数のフォルダに保存されていると考えられています。長期記憶に固定される記憶には、言葉や概念の理解からなる「意味記憶」や体験からなる「エピソード記憶」といった、

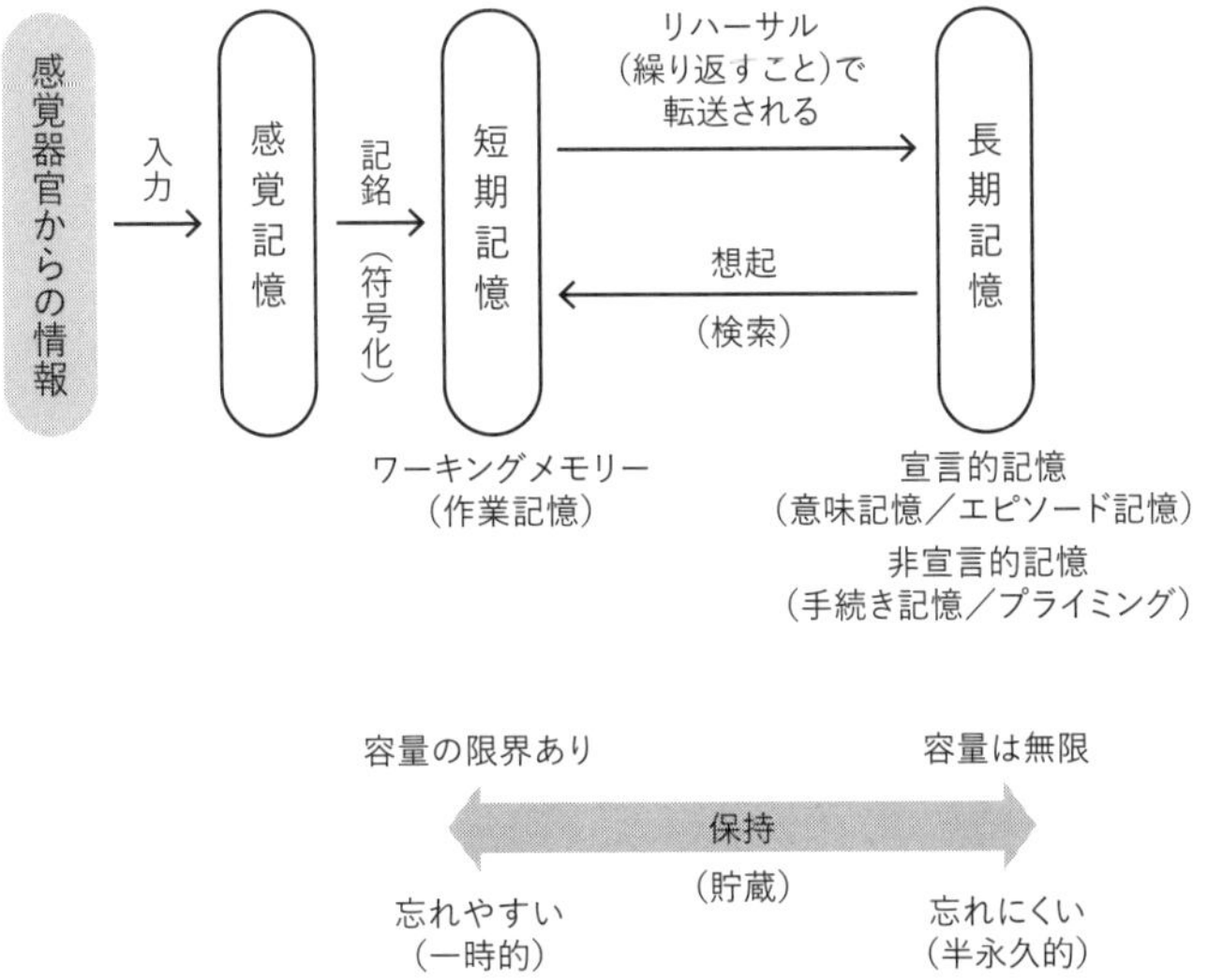

［図 3］記憶保持のメカニズムと短期記憶、長期記憶［8］

意識的に議論や宣言することが可能な「宣言的記憶」と、一連の動作をスムーズに行なう身体知と反射を司る「手続き記憶」や、単語もしくは物体の認識が後の行動や判断に無意識に影響を与える「プライミング」など、言葉で説明することが難しい「非宣言的記憶」に大別されます（図3）。

　夢に出てくる情報は、基本的には容量が無限大の長期記憶から検索されて、引っぱり出された情報を前頭前野（思考や判断をもとに行動を司る脳部位）でまとめ上げたものです。保持された記憶情報のうち、保持が一時的で、忘れやすく消去されていくものが短期記憶、固定化されるものが長期記憶となります。睡眠中の夢の機能において、不要な情報を消去するという「不要情報消去仮説」と、重要なものをとっておく「再処理仮説」は対立する仮説ではなく、両方成り立つと考えることができます。

しかし、レム睡眠中は記憶を固定するための脳内の化学物質が不足しているため、夢の内容の一部は忘却していきます。前述したように明晰夢を頻繁にみられる人は、メタ認知を司る前頭葉の一番前にある前頭極の灰白質の容積量が大きいことも、脳の解剖学的研究からわかっていましたね。さらに、目覚めた後にその「夢を思い出す(dream recall)」ことも記憶の働きによるもので、忘却せずに記憶に残るインパクトの強い情報が夢として想起されます。

夢での感覚記憶の構築がトリガーとなった絵画

ダリの絵画、《目を覚ます一秒前、ザクロの実の周囲を蜜蜂が飛び回ったために見

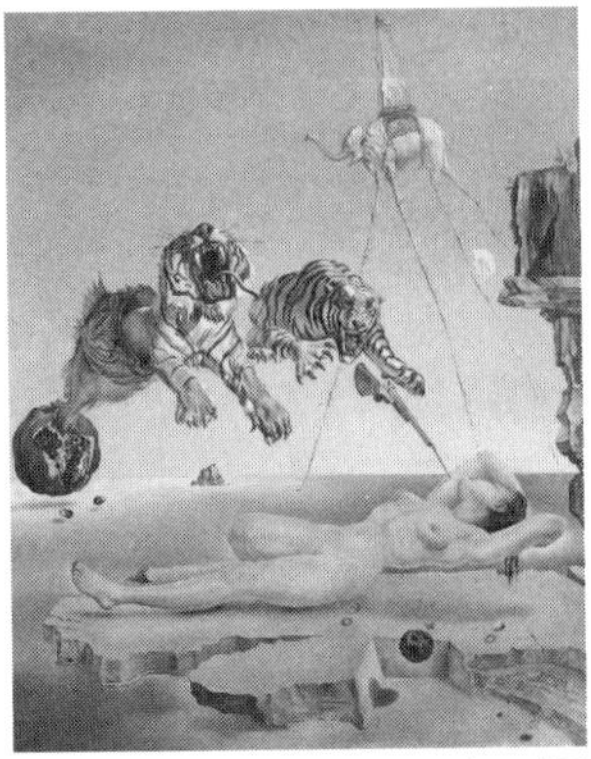

［図４］サルヴァドール・ダリ《目を覚ます一秒前、ザクロの実の周囲を蜜蜂が飛び回ったために見た夢》1944年［9］

た夢》（図４）は、「夢で仮定される三つの機能」で示したように、まさに夢の中で創造性が発現した芸術家のケースといえましょう。夢の中で横たわっている女性は、ダリの妻・ガラです。大きなザクロから虎や魚、銃が飛び出してきていますが、夢のトリガーとなったのは、ガラが聴いた、ザクロの周りを飛ぶ蜜蜂の羽音であったようで、昼寝中にガラがみた夢を作品にしたということです。つまり聴覚刺激が夢に取り込まれ、眠っている妻やザクロ、蜜蜂のみならず、そこからの連想が動物の唸り声や銃声につながったのでしょうか。蜜蜂が妻を刺すことが、銃を突き付けられたイメージになったのでしょうか。それらを冷静に見ているダリの視点も描かれているように感じます。

　ダリがこの夢を描いた１９４４年頃はまだレム睡眠が発見されていない時代で、ダリは第一世代の精神分析的夢研究の解釈を支持し、夢が願望をそのまま表さないように、脳に自動的に検閲されて「奇怪」な特徴を持ってしまうこと自体を、もしくは夢に登場した人物・事物をシンボルとして象徴的に解釈して、作品としていたようです。

その後、夢をみる睡眠であるレム睡眠の発見をきっかけに、第二世代の睡眠科学の代表的研究者であったアラン・ホブソンの弟子、ロバート・スティックゴールドが第三世代の夢研究を神経科学の方面からリードしています。ロバート・スティックゴールドは、レム睡眠中の夢は思考のＤＭＮ（デフォルト・モード・ネットワーク）と類似していることに注目しており、これに賛同する研究者も出てきています[10]。ＤＭＮとは、集中している時以外の安静時に、ぼんやりとアイドリングしている脳の状態のことで、創造的思考が生まれやすいと考えられています。現段階では、ＡＩより人間が得意な思考です。前頭葉による論理的なチェックなく（夢でおかしいと思わず）、情報をリミックスすることで新しい情報と情報をつなぐ経路ができること、これが創造性を発揮する基盤であると考えられています。時代が進んだことによって、脳の状態から夢の仕組みを説明できるのも面白いですね。

いつもと違う考えが夢でヒントとして現れることも

夢の中の「創造的問題解決」については、アメリカの心理学者ディアドラ・バレットが書籍『睡眠委員会』の中で、建築家やミュージシャン、映画監督、トップアスリート、科学者が夢の中でのインスピレーションを現実に活かした例を分析しています[11]。

夢で行なわれる情報処理仮説の中でも、脳内の容量を空ける「不要情報消去仮説」は、不要な記憶はあえて思い出さないようにするという、人間が生きやすいための工夫のプロセスかもしれません。知らないものは夢には出てきません。夢は、私たちが生まれてから今現在までの、大事な情報から構成されているといえるでしょう。今抱えている懸案事項や関心の高い情報は、頻繁にアクセスされる記憶情報ですから、優先的に夢に出現するのは理にかなっています。

そのため、研究者や商品開発者が普段常に考えて取り組んでいる課題のヒントを、かえって思考をコントロールしにくい夢の中で得ることも起こります。ミシンの開発者は、糸を通す針の先端の仕組みを夢で思いつき、化合物が持つベンゼン環の構造も、研究者が夢でみた蛇の形から思いついたそうです。私は論文の執筆前に、ストーリー（目的→結果→考察）の説明のための良いロジックを、夢の中で「思いついた！」と感動することがありますが、起きてみると、一部を忘れてしまったり、覚えている箇所はありきたりであったりして、研究への熱心さが足りないのかもしれません。

一方で、すぐに忘れ去っても良い、比較的重要度の低い情報は、短期記憶から長期記憶へと保存はされず夢にも出現しません。自分にとって重要人物だけれど、夢に配偶者が出てこないというのは、関係性が安定している証拠でしょう。ただし、うたた寝や目覚める間際の浅い睡眠の最中に、つけっぱなしのテレビの音や救急車のサイレン、お母さんが朝ごはんに準備している焼き魚のにおいなどが、夢に取り込まれることがあります。

消防車や救急車のサイレンなどは身体の安全性から重要度の高い情報ですが、それほど重要でない情報が浅い睡眠中に取り込まれるのは、覚醒時の情報処理と類似した「覚醒への移行期」の特徴といってよいでしょう。また、小川を素足で歩いている夢をみた時に、タオルケットから足が出ていて冷えていたなどの、強い身体感覚が夢に取り込まれることは、みなさん経験があるのではないでしょうか。膀胱に尿が溜まりトイレに行く夢（実際には排泄していない）も、一般的にみることが多い夢です。

記憶の保存・固定には、ノンレム睡眠とレム睡眠の協同作業が重要な役割を果たしています。よく受験生から一夜漬けの効果を聞かれることがあるのですが、全く勉強していないなどインプットされた情報がない場合には、徹夜で勉強をせざるを得ませんが、その記憶情報を使えるのは直後の試験のみで、受験まで長期的に持続する記憶を得るためには、学習の後、きちんと睡眠をとることが重要です。

デジャビュは古い記憶の新しい組み合わせ

ときに夢には、これまでに見たことのない人や物が出てきます。前出（32ページ）の夢のエピソードでは、夢に出てきた実在の学生の「架空の彼（面識のない学生）」との対面場面がそれに相当します。夢に登場したのは、事実として記憶にはない未知の人ではありますが、その正体は既知の情報の新しい組み合わせであるかもしれません。顔の合成写真などをイメージするとわかりやすいかもしれませんね。見たことはないが、どこかで見たような印象を持ちます。たとえば、作詞・作曲家が夢の中で新しく歌詞やメロディーを思いつく時にも、その素材は既に情報として貯蔵されているのですが、思いもよらない新しい組み合わせで出てくることがあるのです。そこには、しばらく脳が検索をしていなかった情報も混じっているかもしれません。

不可思議な夢をみた時も同様です。一度も見聞きしたことがないのにどこかで見聞きしたように感じるデジャビュ（既視感）を、夢で経験することもあるでしょう。実際の記憶は無くとも、近しい知覚があって他の経験がミックスされるデジャビュも、現実にあった経験と一致したと誤って判断する、同様のメカニズムで起こると考えられています[2]。あるいは類似の情報が既にストックされていて、しばらく検索していなかった情報、もしくは意識的な認識はないがサブリミナル下で貯蔵された情報から起こっている可能性もあると考えます。

明晰夢の体験は、夢と自覚することが条件ですから、夢をみている自分と現実との違いをメタ認知する機能が、レム睡眠中でも働いていることが必要です。この点に関して、脳の機能活動を画像化したfMRIを使うニューロイメージング研究では、前頭前野と側頭葉の連携が強いことがわかっており[12]、このことが夢の自覚や情報を積極的に統合して、筋書きのコントロールが起こりやすいことに関わっていると推測されています。

いずれにせよ、思いもよらなかった情報の組み合わせを楽しみ創造する喜びは、明晰夢の中で味わい、起きた後思い出すことでまた味わえるということです。

第四夜

夢をみやすい眠りの長さ

夢をみる仕組みについて、脳の記憶の働きから見てきましたが、次に睡眠時間の長さや質が夢にどのような影響を与えるのか、また明晰夢にどのように関係してくるのかについて考えていきたいと思います。

レム睡眠にみる明晰夢

睡眠時の脳の働きの違いによって、みる夢の性質がそれぞれ変わってくることはこれまでお話ししてきましたね。レム睡眠の際にはストーリー性のある情報豊かな夢を、ノンレム睡眠時にはどちらかというと断片的な思考を反映した夢をみます。では、明晰夢は、いったいどちらの状態でみることが多いのでしょう？

１９７０年代、アメリカの心理学者スティーブン・ラバージ博士が、睡眠実験室で明晰夢を「リアリティチェック」によって確認したところ、人は明晰夢をレム睡眠の時にみていることがわかりました[13]。リアリティチェックとは、自分がいま夢の中にいるのか、それとも起きているのかを見分けるために、サインを決めてチェックすることです。日頃から習慣的にチェックする癖をつけることで、現実の時のサインとの違和感から、より夢の中だと気づきやすくなります。実験では、明晰夢をみている人に「まさにいまその最中である」と外部に知らすことができるサインを出してもらいました。チェック方法は人によって異なりますが、左右に目を動かす回数を決める、呼吸を早くするあるいは止める、拳を軽く握るなどのサインが用いられています。映画『インセプション』でも、自分が今夢の中にいるのか現実世界にいるのかを見分けるために、レオナルド・ディカプリオがコマを回していましたね。コマが回り続けるなら夢ということです。

　レム睡眠の時に明晰夢をみるのであれば、睡眠におけるレム睡眠の時間を増やせば明晰夢がみやすくなりそうですね。ノンレム睡眠からレム睡眠までのサイクルは約90分ごとに起こるのですが、実はこの約90分のサイクルの中で、目覚めに近づくにつれ、レム睡眠の割合が長くなっていきます。最初のレム睡眠は約5分と短いのですが、一晩かけてサイクルを重ねていくと、レム睡眠の持続時間は30〜40分へと長くなっていくのが一般的です。そのため、明晰夢はレム睡眠の時間が長い明け方に多いこともわかっており、まずはたっぷりと眠ることが明晰夢をみやすくする秘訣といえます。一般的に成人のレム睡眠は、全睡眠時間の20〜25%で、レム睡眠の時間が顕著に減るようになるのは80代になってからです。ですから、幅広い年代で明晰夢をみるチャンスはあるといえます。

　いざ自分が思い描く夢をしっかりと記憶するためには、うつらうつらとまどろみ二度寝するのが良いでしょう。ほんの一瞬の覚醒を挟むことで夢の記憶が固定でき、脳が現実と夢の違いにも気づきやすい活性化状態になることで、明晰夢をみられる可能性が高まることがわかっています。レム睡眠のたびに起きれば、夢を連作で記憶できるかもしれませんが、睡眠が細切れになっては不健康ですから、十分に寝た後に二度寝、三度寝が良いでしょう。楽しい夢の続きをみられるかもしれませんね。あるいは嫌な夢に続く筋書きを変えられるかもしれません。そのためにも翌日のスケジュールがびっしり詰まっている時よりは、時間にも気持ちにもゆとりがあって夢を楽しむ余裕がある時の方が良いでしょう。

　みた夢をボイスメモや枕元のメモ帳に記録するのもおすすめです。最近では、睡眠を記録するアプリなどもありますから、まずは自分の睡眠の特徴を掴むところから、明晰夢をみる準備を始めましょう。

ショートスリーパーかロングスリーパーか

　どのくらいが「たっぷりの睡眠」かは、人によって異なります。「ショートスリーパー」とは、短い睡眠時間でも心身の健康を保っていられる人のことであり、「短時間睡眠者」ともいいます。睡眠は短くとも、質が良くすっきりと目覚めて、日中の活動にも影響は及ぼしません。もちろん、起きている間に眠気はありません。ショートスリーパーにとって、長く寝すぎることは逆に健康面でマイナスとなります。もっと寝たいけれど、仕事や家事が忙しくて十分に眠ることができない場合とは区別し、その場合は「強制的短時間睡眠者」と呼びます。さらにこれらは、「不眠者」とも異なります。不眠は、もっと寝られる環境で寝る準備を整えているにもかかわらず、結果として眠れず短時間睡眠になっている状態だからです。ナポレオンやエジソンはショートスリーパーとして知られていますが、純粋なショートスリーパーだったのか、それとも強制的短時間睡眠者もしくは不眠者だったのか、どうだったのでしょうね。

一方、心と身体の健康を保つためにはたっぷりと睡眠を必要とする人もいて、「ロングスリーパー」（長時間睡眠者）と呼ばれます。たとえばアインシュタインは、毎日10時間以上眠るロングスリーパーとして知られています。どれだけ寝ても眠い「過眠症」と異なるのは、その人が必要とする分の睡眠がとれた時には、昼間の眠気はないという点です。一般的には芸術家タイプにロングスリーパーが多いといわれています。アインシュタインは16歳の高校生の頃、校舎の裏で昼寝をしていて「自分が光の速さで走って光を追いかける夢」をみたことから、「光に追いついたら光はどのように見えるだろう」と考え、物理学の理論を考案していったそうです[14]。その人に合った睡眠の長さにはどれほど仕事や生活のスタイルが関わっているのか明確にはわかっていません。単純に考えれば、ショートスリーパーよりは睡眠時間の長いロングスリーパーの方が明晰夢をみやすそうです。

ですが、ショートスリーパーにも明晰夢をみることができる人はいます。夢見の最中の脳の活性度が高く、夢をみたら現実との違いに気づき、その夢の記憶を覚醒と同時に固定できる人といってよいでしょう。目が覚めたら、記憶するまで何度も、その日にみた夢を思い出す練習をしましょう。また、明晰夢をみるにしても、まずは自分の適正な睡眠時間を把握して、継続的にその時間（できればそれより長く）を確保することが大切です。明晰夢をみること自体が、忙しい現代においては、睡眠時間を十分に確保できる「貴族の嗜《たしな》み」だともいえますね。

日本人は夢を楽しめていない？

夢を楽しむためには、夢をたっぷりみて、さらに覚えておくことが必要で、そのためには十分すぎるくらいの睡眠が必須です。ＯＥＣＤ（経済協力機構）によれば（図5）、日本人の平均睡眠時間は7時間22分と調査対象国の中で最も短いのですが、これはショートスリーパー、強制的短時間睡眠者、不眠者も含んだ場合の平均値でした。年代差もありますので、働き盛りの世代の平均はもっと短いでしょう。日本と韓国が毎年一位を争っており、日本人は平均的に睡眠が短く、夢を楽しめていないのではないかと推測します。２０１５年の国民生活時間調査（ＮＨＫ放送文化研究所）では、40〜50代の平日の平均睡眠時間は男女とも6時間台です。

ちなみに東アジア諸国は世界的にみても短時間睡眠者が多いのですが、次ページの表からもわかるようにその中でも日本と韓国、（ここにはデータが無いですが）台湾は特に短く、一方、中国・インドは長いことがわかっています。スウェーデン、デンマーク、アイルランド、ノルウェーなど緯度の高い位置にある国は日照量の少なくなる季節や白夜による睡眠リズムの乱れが睡眠時間の短さに関係していると考えられます。

本人の適正睡眠時間より短い睡眠時間しかとれないことが続くと、肥満になりやすい、血圧・血糖が上がりやすい、認知的能力が落ちて判断が鈍る、記憶力が悪くなる、感情が不安定になりやすいなどのさまざまなリスクが生じます。ですから、毎日頑張っている自分へのご褒美として、時々は夢を楽しむくらい長めに寝る機会を持っても良いのではないでしょうか。

	1日当たりの睡眠時間（分）
日本	442
韓国	471
スウェーデン	483
デンマーク	489
アイルランド	491
ノルウェー	492
オーストリア	498
ドイツ	498
メキシコ	499
ギリシャ	500
スロベニア	501
オランダ	503
リトアニア	503
ポルトガル	506
ハンガリー	506
イギリス	508
フィンランド	508
ポーランド	509
ラトビア	512
オーストラリア	512
ベルギー	513
フランス	513
イタリア	513
トルコ	515
スペイン	516
ルクセンブルク	518
カナダ	520
ニュージーランド	526
インド	528
エストニア	530
アメリカ	531
中国	542
南アフリカ共和国	553

［図5］各国の睡眠時間［15］

情報の多い夢をみると眼球がよく動く

明晰夢の特徴として、夢の中の感覚が非常に鮮明であることが挙げられます。明晰夢をみている時のレム睡眠と普通の夢をみている時のレム睡眠では、前者の方が、眼球運動や心拍数、呼吸数などの生理的指標の活性度が高い水準にあることがわかっています。これらは中枢神経系（神経系のうち機能的に中心となる部分）の活動のレベルが高いことを示しています。明晰夢は、夢をみている自分を自覚し、夢の内容を意識的に制御するので、高度な認知的活動であるといえます。レム睡眠中の眼球運動と夢の関係については、従来の「夢でみているものを追いかけるから目が動く」という「走査仮説」と「眼球運動が脳を刺激することで夢をみる」という「対立仮説」の論争が今も続いています。レム睡眠中の眼球運動は、基本的に非意図的に起こっていると考えますが、対象物を見ている、凝視していることを示唆する意図的な眼球運動（サッケード）があったとする研究もあります[16]。展開が多く鮮明性の高い明晰夢と急速眼球運動の関係は、どちらの仮説でも説明できそうです。

一般的に、夢の鮮明性を測る生理指標の一つとして、「レム密度」があります。レム睡眠の夢見そのものはレム睡眠の時間に依拠しますが、レム睡眠の時間帯に何回急速眼球運動が起こるか、その回数をレム睡眠の時間で割った比率です。私が以前行なった睡眠実験で、普段から夢を記憶してよく思い出せる人とめったに思い出せない人の違いを調べたところ、レム睡眠の時間には違いがなかったのですが、夢を記憶してよく思い出せる人の方が相対的にレム密度が高いという差があったのです[17]。夢には、記憶の整理（固定と消去）、感情処理の機能があるのではないかと考えられていますが、夢をよく思い出せる人の眼球の動きの多さから、それだけ処理する情報量が多いのだと推測されます。明晰夢をみている時のレム密度は高く、夢は鮮明なのです。

　夢の鮮明性を上げるには入眠前のイメージが大切です。満足度の高い夢をみるためには、まず入眠前のインプットが大事ですね。みたい夢のイメージ化といいましょうか。登場させる夢の素材に視覚（画像など）あるいは聴覚（映像、音楽など）、嗅覚（実物が無い場合はにおいの記憶）などの五感で触れ、夢の筋書き（スクリプト）をイメージしましょう。こうすることで、出てきてほしい情報へのアクセシビリティを高めます。寝る前に関連する脳内のフォルダにアクセスし、必要な情報を引っぱり出すイメージです。その素材が夢に取り込まれても、筋書きの始まりは予測もコントロールもできないのが通常ですが、そのあとの展開を明晰夢でコントロールできるようになれば寝るのがとても楽しみになりますね。

　韓流ブームの頃、玩具メーカーのタカラ（現タカラトミー）から発売された、みたい夢へと導いてくれる機械「夢見工房」の利用者から報告された事例があります。好きな韓国の俳優さんの写真と映像を見て、寝る前にイメージトレーニングをしたところ、なんとか夢の中で海辺デートをするまでこぎつけましたが、なんと肝心の相手が、思った人とは違う俳優だったそうです。入眠前の入念な仕込みによって、夢に登場する相手が韓国人男性というところまでは近づけることができたようなのですが、惜しい結果となりました。諦めずにトライし続けることで、みたい夢をみる確率はきっと高まるでしょう。

また、入眠前に素敵な夢をみるための阻害要因を取り除くことも重要です。たとえば、気がかりなことは、ひとまず今日はここまでと一旦切り上げてしまうなど、悩みを棚上げして落ち着いて休息を取りましょう。入眠前に不安な事柄を反芻すると、眠りそのものの質が低下してしまいます。

第五夜

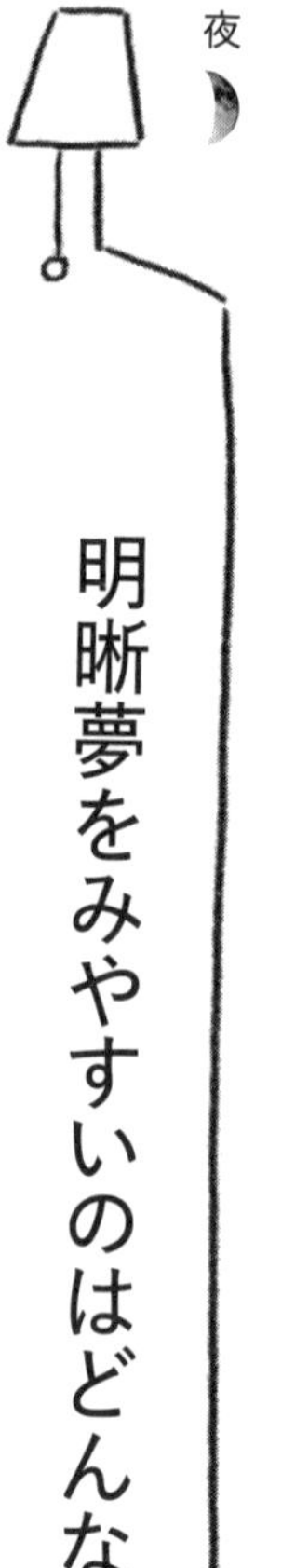

明晰夢をみやすいのはどんな人

どのくらいの人が明晰夢をみているのか?

ロングスリーパーほど明晰夢をみる可能性が高いのは、睡眠時間をたっぷりとるほどレム睡眠が増えるから、ということは第四夜でお話ししました。昨今では、世界規模で広がった新型コロナウイルスによって、自宅で過ごす時間が大きく増えたことで、睡眠時間が長くなり、いつもより夢をみる人も増えているかもしれません。夢をみる機会が増えることで、夢を思い出せる頻度も高くなります。思い出した夢の中に、明晰夢に近づくヒントが隠されているかもしれません。実際に、夢をよく思い出せる人ほど明晰夢をみている可能性が高いということが、いくつかの調査から確認されています。

これまでに夢をみたことがないという人にはめったに会いません。しかし今までに一度も明晰夢をみたことのない人は結構いるのではないでしょうか。いったい明晰夢をみる人はどのくらいいるのでしょうか？

ドイツの夢研究者マイケル・シュレードルらのグループが、２０１６年に17〜93歳の約２５００人を対象にウェブ調査をしたところ、「明晰夢を週に数回みられる人はわずか２・65％に過ぎない」という結果が得られました。内訳としては、週１回程度が４・46％、月２〜３回が７・79％、月１回程度が９・84％でした。つまり、比較的頻繁に明晰夢をみられる人は合計24・７％で、約四人に一人ということになります。年に１回以上が22・16％、年に１回以下が11・92％と、ごく稀に明晰夢をみる人を合計すると34・08％で、約三人に一人です。

一方、今までに一度も明晰夢をみたことのない人は41・19％だったそうですから、こちらの方が多数派ですね。明晰夢をみられるのは一般的ではないのだとよくわかります。はたまた、もしかしたら明晰夢をみられたかもしれませんが、覚えていなかったのでみられなかったことになっているかもしれません。明晰夢を思い出せる人、思い出せない人の違いはどこにあるのでしょうか？　今回は明晰夢を思い出すことと性格の関係についてお話ししていきましょう。

クリエイティブな人と心配性はみやすい？

心理学において、人の性格を捉える試みは長い歴史を持ちます。現代に入ると、私たちが性格を表現する時に使う「情にもろい」「几帳面」といった形容詞をたくさん取りあげ、カテゴリー化した結果、人の性格は五つの因子に集約されるという研究がたくさん出てきました。これら五つの因子を組み合わせて、人の性格を理解しようとする理論を、心理学では「ビッグファイブ」と呼んでいます。具体的には「神経症傾向（Neuroticism）」、「外向性（Extraversion）」、「開放性（Openness to experience）」、「協調性（Agreeableness）」、「誠実性（Conscientiousness）」の五つです。ビッグファイブには通文化性があってよく国ごとに比較されますが、日本人は平均的に協調性が高いことが知られています。では、人の性格を紐解くビッグファイブと明晰夢の想起関係についてはどうでしょうか。

先述のシュレードルがイギリスで行なった、子どもから大人までを対象としたグループ調査では、明晰夢と性格の関係性についてもデータを収集していて、そのうち明晰夢を想起する頻度と一番強い関連が見られたのは「開放性」の高さでした。一方、そこまで強い関係ではないものの、「誠実性」が高いほど明晰夢を覚えている頻度が低いという結果も確認されています[18]。開放性を構成する要素から説明すると、知的な好奇心を持っていろんな経験をしている、新しいことに挑戦することが好きで、美意識が高く想像力が豊かで、アイディアに溢れ独創的ということが挙げられます。開放性の特徴を多く示す人ほど明晰夢をよくみるということは、芸術家タイプにロングスリーパーが多いこととも関連があるかもしれませんね。特に、寝ている間に、脳が記憶を編み合わせて作った想像の世界に没入するという、夢の創造的な側面と関係がありそうです。自らのクリエイティブな夢から着想して、作品を生み出した芸術家も古今東西たくさんいます。前出のサルヴァドール・ダリやルネ・マグリットなどシュルレアリスムの画家はその代表格ですが、日本を代表する文豪・夏目漱石の『夢十夜』や、映画監督・黒澤明の映画『夢』も自らの夢をもとにして作られたといわれる有名な作品です。

開放性よりは弱いものの、統計的には明晰夢を想起する頻度と相関が見られたのは「神経症傾向」です。一言で言えば「心配性」で、些細なことにも敏感に反応してしまい情緒が安定しない特徴を示すこの因子は、一般的に夢を想起する頻度と強い関係があります。睡眠中に起こった自分の思考や感情にも注目しやすく、日中も睡眠中も覚醒レベルが高く、夢の記憶も固定できるということなのでしょう。そもそも明晰夢に気づくには夢の中での些細な違いを把握する必要があることからも、神経症傾向の高い人が明晰夢をみやすく思い出しやすいのは自然でしょう。

これが行き過ぎると、不安や恐怖の感情が高まりすぎて睡眠を中断する悪夢になります。コロナウイルスによる死者数の多い国々では、「コロナウイルス・パンデミック・ドリーム」という、多数の人が同時期に悪夢をみる現象が報告されています。感染への心配が強い人や、身近な人が感染してショックを受けている人、将来への不安がある人は悪夢をみやすいでしょう。感染拡大当初は、北米やヨーロッパからの研究報告が多かったのですが、今後アジアや南米からの研究報告も増えるでしょう。悪夢はどの人にとっても強烈で記憶に残りやすいのです。記憶に残りやすい点では、明晰夢と悪夢も共通しており、両者の想起頻度にも正の相関があることがわかっています。

若い頃から明晰夢の練習を積む

さらにシュレードルの研究では、年齢が若い人ほど明晰夢をみやすいと指摘しています。脳が活発に働いて明晰夢をみるレム睡眠が減少するのはかなりご高齢になってからですが、年を取るにつれて睡眠が短くなる人が多いことからも、年齢も明晰夢のみやすさに間接的に関連しているでしょう。一般的には、年を重ねるほど睡眠時間が短くなり、記憶に関わる認知機能のゆるやかな低下や生活の安定など、複合的な要因から夢の記憶はおぼろげになっていきますが、若い頃から明晰夢の体験を継続している人は、中高年になってからも習慣的にみられることもあります。

ここで、20代女性の明晰夢者の夢を二つご紹介しましょう。

一つ目の夢

［場面①］明晰夢だった。サークルのメンバーと自動車の修理工場に写真を撮りに行った。空が霞みがかっていて、なんとなく空気に煙たいにおいがしていた。

おやつ時で日差しがあたたかく、私は半分眠りかけていた。工場の最寄りは無人駅で、駅の外にも人気《ひとけ》が無かったが、のどかで綺麗な場所だった。

ホームの外にはコスモス畑があり、ちょうど満開でピンクや白、橙の花が一面を覆っていた。改札を抜けた先は収穫直前の田んぼが広がっていた。田んぼに挟まれた道を歩いて行ったが民家は見えず、トビの声が聞こえる以外は静まり返っていた。メンバーたちは談笑したり写真を撮ったりと、和やかな雰囲気だった。

工場でいくつかのグループに分かれて見学したり写真を撮ったりしていた。工員さんが忙しく行き交っていて、機械の駆動音や指示の声が響き、火花が散っていたり、焦げたにおいがしたりと五感が刺激された。私は眠くて動けなくなってしまったので、ベンチで座ってうとうとしていた。夕方になり工場から出ると、稲穂が夕日に照らされていてとても綺麗だった。湿った風が涼しく、少しだけ目が覚めた。

［場面②］（番号は振ったが順番は曖昧。多分、似た設定の夢を2回みて、終わりの部分が違うだけだったかもしれない）①と同じ場所で、今度は帰るところだった。時刻は①の始まりより少し早いくらい（お昼ちょっとすぎ）で、少しお腹が減っていた。

ちょうど電車が来たので乗り込んだら、先輩に降りるよう言われた。先輩は切羽詰まった様子だったが間に合わず、ドアが閉まり発車してしまった。乗っていても特に何事も無かった。

二つ目の夢

「場面①」明晰夢だった。メゾネットタイプのアパートに一人暮らしをしていて、大学院生くらいの年齢になっていた。夜遅くで、バケツをひっくり返したような冷たい大雨の日だった。私はアジア系の留学生（女性）と一緒に家に帰っていた。彼女は何か事情（それほどヘビーではない）があって寮に帰れなかったようで、顔見知りの私を頼ってきたらしい。彼女を家に上げ（2階に玄関があった）バスタオルを貸して、部屋の中に置いていた折り畳み式の自転車を片付けた。

「場面②」（①の続き）明晰夢ではなかった。留学生を泊めた後日、大きな宴会に呼ばれた。課題が溜まっていたのか私の機嫌はあまり良くはなくて、とりあえず出された御膳を平らげた後、ぼんやりと座っていた。空気が湿っぽく、隙間風が冷たかったので多分小雨か霧雨が降っていたと思う。

一つ目の夢の感覚の豊かさに驚きます。「空が霞みがかって」（視覚）、「空気に煙たいにおい」（嗅覚）、「日差しがあたたかく」（温度感覚）、「ピンクや白、橙の花」（色覚）、「トビの声が聞こえる以外は静まり返って」「機械の駆動音や指示の声が響き」（聴覚）、「火花が散って」（色覚）、「焦げたにおい」（嗅覚）、「稲穂が夕日に照らされて」（色覚）、「湿った風が涼しく」（皮膚感覚・温度感覚）、「少しお腹が減って」（内臓感覚）、と感覚がはっきりと続いています。

さらに、夢の中で「半分眠りかけていた」「少しだけ目が覚めた」と寝たり起きたりしています。夢の中で覚醒と睡眠のスイッチのオン・オフが容易に起こる様子がわかります。

二つ目の夢の感覚では、「バケツをひっくり返したような冷たい大雨の日」（温度感覚・聴覚）、「空気が湿っぽく」（皮膚感覚）、「隙間風が冷たかった」（温度感覚）などが登場します。

明晰夢とはっきり気づくポイントは、一つ目の夢では夕方からお昼すぎまで「時間が巻き戻ること」、二つ目の夢では「自分の年齢が異なる（年をとっている）こと」に気づいていることです。彼女は夢を思い出すことに慣れていて、一晩におよそ2〜3

個みており、その順番も大体わかるようです。一晩に訪れるレム睡眠期ごとに記憶しているかのようです。現実を超えたイメージの世界が夢で展開されるのですから、明晰夢が創造性を触発するきっかけになるといわれているのも納得できます。夢そのものが芸術的で、あたかも映画監督となった彼女の作品を我々が見ているかのように、イメージの世界に没入してしまいます。

明晰夢をみる人は健康的な人

さらに明晰夢と性格の関係について、オーストリアの夢の研究グループは、明晰夢の定義である「夢をみている自覚」のみならず、意志の力で夢をみ続けることや、夢の中のイベントをコントロールし、自分がどう行動すべきかの判断ができるというポジティブな特徴に注目し、明晰夢と精神的な健康や健康な性格の特徴との関係を調べました[19]。協力を得た18～58歳の89名のインタビューにもとづき、①頻繁（月1回以上）に明晰夢をみられるグループ、②稀にしか明晰夢をみられないグループ、③普通の夢しかみないグループの三つに分け比較しました。その結果、グループ①は他の二グループと比較して、毎日夢をみることを楽しみにしているなど、夢に対する肯定感が高く、心配性ではなく自信があり、主張的でストレスへの対処能力やウェルビーイング（主観的幸福感）が高いといった、精神的に健康とみなされる特徴を持つと指摘しています。

しかし、性格は普遍的なものではなく、日ごろの行動、思考の習慣によって変わっていきます。明晰夢をみる確率を高めるには、まず夢に関心を持つことが大事です。さらに、夢の中だからこそ荒唐無稽なストーリー展開を驚きながら楽しむ気持ちを持ち、それを人に話すなどして記憶づけることが良いでしょう。明晰夢の最中に行なうリアリティチェックは、現実との違いにいかに気がつくかがポイントでしたが、寝る前から「夢をみること」を意識し、夢の詳細に注目して楽しむことを心がけてみてください。明晰夢が頻繁にみられるようになって夢自体を楽しむことができれば、さらに眠りや夢に関心を持ち、夢に対して肯定的な態度になるでしょうから、明晰夢と精神的な健康の好循環が期待できると思います。

❷ 明晰夢をみやすい感覚と情動

第六夜

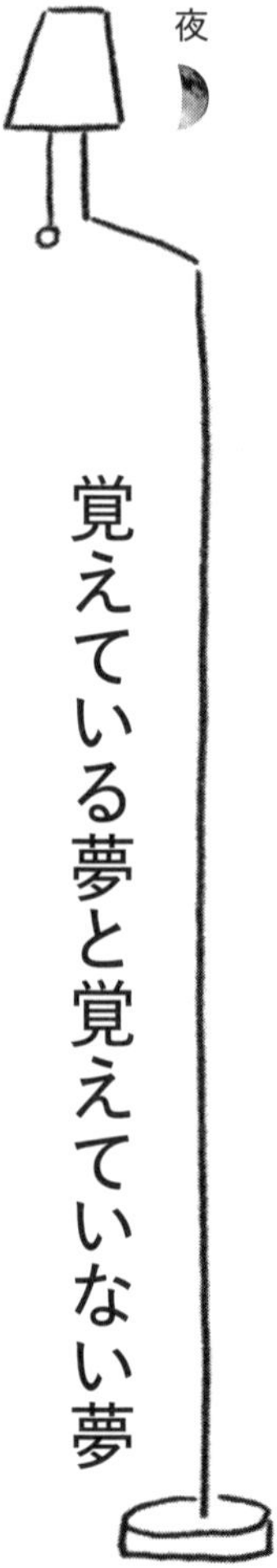

覚えている夢と覚えていない夢

夢をあまり覚えてない人とはどんな性格？

明晰夢がみられるようになりたいものの、そもそも夢自体をほとんど覚えていないという人もいると思います。明晰夢をよく思い出すことと性格因子の「開放性」（好奇心が旺盛である、チャレンジングであるなど）と「ウェルビーイング」（主観的幸福感）は強い相関関係にありましたが、明晰夢ではなく一般的な夢を想起する頻度と強い関係性があるのは、性格を表すビッグファイブのうち「神経症傾向」（心配性である、周囲に敏感など）でした。ですから夢をあまり覚えていない人は、情緒が安定している性格の人が多いといえるでしょう。ストレスフルな出来事に際してもあまり慌てずに、なんとかなるさと、落ち着いて対処できる性格の方が多いと思います。ある意味、夢という記憶の整理や感情の制御に関わる睡眠中の情報処理が適正に完了しているということで、健康な証でもあります。「夢をみないんだよね」と口にする人がよくいますが、実は、ちゃんとみているけれど覚えていない（覚えている必要が無い）のかもしれません。

性格によってみる夢が違う

第五夜で登場した性格のビッグファイブは、夢の内容にも関連しています。私も参加した研究グループが約１８０名の大学生に協力を得て、夢の中の感情［楽しい、悲しい、焦り、不安、奇怪、不快、恐怖（悪夢）］に着目して、それぞれの感情を伴う夢をどの程度みるか（覚えているか）について回答してもらう調査をしました[20]。その結果、情緒の不安定性を示す「神経症傾向」が高い群では、「悲しい夢」「不安な夢」「奇怪な夢」「不快な夢」をよく想起しており、一方、情緒が安定した「神経症傾向」が低い群では、「楽しい夢」をよく覚えていました。また、活動の積極性を示す「外向性」高群の方が「楽しい夢」をよく想起しており、内向的な「外向性」低群は「悪夢」をよく想起していました。これは心理学の知識が無くても、予想できることだと思います。明晰夢をみやすい「開放性」グループは、これら感情を伴う夢見の頻度には特に関連が見られませんでした。明晰夢の内容には、人の感情よりもその人の持つイメージ力や思考力が反映されやすいのでしょう。

さらに、周囲と親和的な関係を築くことができる「協調性」高群の方が「楽しい夢」を想起しており、「協調性」低群は「不快な夢」「悪夢」をよく想起していました。いつの時代も、人間関係は私たちの喜びや楽しみにもなり、一方でストレスにもなり得ます。人間関係を上手くやる社会スキルの不足から、夢で嫌な思いをしているのではないかと想像できます。

意志が強く勤勉な特徴を示す「誠実性」高群は、「焦りの夢」をよくみていました。「誠実性」の特徴を持つ人は真面目なので、遅刻などの失敗をしないように何度もトライする夢をみて焦ってしまっているのかもしれません。普段真面目な人ほど夢を楽しんでいただきたいのですが、寝ていても性格は出てしまうものです。

ビッグファイブの中で、「開放性」「神経症傾向」の特徴を持つ人は明晰夢と強い関連があると紹介しましたが、性格的に「誠実性」が高いほど明晰夢をみないと指摘する、アメリカのノートルダム大学の相関研究もあります。勤勉性の高い人の生活パターンは、普段から予定を立てて規則的に行動するものなので、幾分融通が利かず、そのことがカオス的な夢をみている時に、いま自分は夢をみていると自覚する能力を減じているのではないか、と推測されています。就床と起床時刻も規則正しい場合、夢を楽しむために二度寝するということも考えにくいでしょう。

要約すると、夢の中の感情と性格には関係があり、情緒が安定し「外向性」と「協調性」が高い性格の人は楽しい夢をよく覚えているということです。楽しい夢なら良いのですが、夢を思い出しても、不快な感情のものばかりでは嫌になってしまいます。特に悪夢は忘れてしまいたいのに忘れられない恐怖をもたらし、睡眠の途中で覚醒を引き起こします。睡眠そのものが中断されてしまいますし、目覚めた後にも悪夢は嫌な感情を残すので、心身ともに不健康をもたらす可能性が高く、悪夢のもととなっている現実のストレスへの対処などが必要になります。

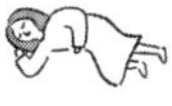

夢で心のクリーニング

夢と記憶の関係について振り返ってみると、夢を覚えていない人でも、（睡眠時間によって変わりますが）実は一晩に三〜五つほど夢はみていて、思い出せないというだけで、睡眠中の情報処理は適切に行なわれているといえます。レム睡眠中の役割には、「記憶情報の整理、感情の適正化」がありましたが、この時に大事な記憶は固定され、怒りや恐怖などのネガティブな感情は処理され抑制されます。目が覚めた時には覚えていないものの、寝たらすっきりするという体験はその典型で、睡眠には心のクリーニング作用もあるといえるのです。ですから、夢の内容を思い出せないことは悪いことではありません。夜のうちに気づかないまま、作業が進んでいて完了しているイメージです。

しかし、覚えていてしまう夢もあります。その代表例は先に出てきた悪夢です。自分ではすぐに対処することが難しい問題が降りかかってきて、ストレスに満ちた精神状態の時には人は悪夢をみやすいのです。特に自然災害やウイルスの流行、不慮の事故や事件など、人間の力ではどうしようもできない状況というのはどんな人にとってもストレスなので、悪夢をみやすくなります。

　コロナウイルス・パンデミック・ドリームも同様です。しかしウイルスは目に見えないので、個人によって夢ではさまざまな形態をとります。ある人の夢では、マスクや防護服、ＰＣＲ検査キットや医療器具そのものが出現するかもしれないし、またある人の夢では、毎日報道されるニュースのイメージ映像、あるいはもっと抽象的に嫌な臭いや音となって出てくる場合や、虫などよくわからない物体になって登場するかもしれません[21]。

　私がみたコロナ関連の夢は、家族専用の大きな浴槽で、黒いナメクジやオタマジャクシのような気味の悪いものがたくさん泳いでいるシーンが出てきて、医師である家族の力を借りて綺麗に洗い流し、ピカピカにお風呂場を磨き上げるというものでした。掃除という感染症への対処行動を夢のイメージの中でシミュレーションしたかのようです。さらに現実的な文脈の夢だとすれば、感染してしまい人に拒絶される、会社に迷惑をかけるなどのテーマとして出現するかもしれません。新型コロナウイルスによる死者数が多い国・地域では、死に関連する事物や人物が出てくることも考えられます。

２０２０年の初の緊急事態宣言中に、日本の大学生がみたコロナウイルス・パンデミック・ドリームの典型例を数例ご紹介します[22]。

①自分の鼻水が青く、それを見てコロナウイルスだと思い、自主的に見知らぬ庭園に隔離されに行き、そこの土を掘る夢

②すでに亡くなっている家族の一人がコロナにかかった夢

③コロナウイルスの症状が家族全員にあり、ＰＣＲ検査を受けられず、家の外にも出られず、怯えながら生活する夢

④空港の売店ニューデイズでマスク販売の長蛇の列に並んだ夢

⑤コロナ禍のオンライン講義によって、試験やゼミで単位取得に失敗して留年し、就職試験も全部落ちて一家心中してしまう夢

順に、①は自分自身が感染する夢ですが、鼻水の色が非現実的で印象的です。「隔離される」「土を掘る」などは埋葬を連想させます。②は家族が感染する夢です。「すでに亡くなっている人が生きている」夢はよくあるテーマですが、ここではコロナに

感染した形で登場しています。③は家族全員に症状があるが、陰性か陽性かわからず隔離生活をする夢です。④感染予防のためにマスクを購入する夢ですが、一時期マスクが品切れで大変な時期がありましたね。⑤は慣れない学習環境でパフォーマンスが落ちて、自分のみならず家族にも悲劇的な結果をもたらすのではないか、という予期がもたらした、まさに「悪夢」です。パンデミック下のストレスや恐怖・不安が、大学生の夢にダイレクトに表れているのがよくわかります。しかもこの時期は、感染拡大地域であった首都圏でも感染第一波であり、その後のパンデミックよりは感染者数・死者数は少ないものの、未知のウイルスへの主観的な不安が影響しています。

　夢を覚えてないということは、言い換えればその晩はインパクトの大きい悪夢をみていなかったということで、つまり差し迫った悩みが無い、幸せな状態である可能性が高く、仕事や人間関係など、自分が日々の生活を上手くやれているという証拠だと思います。

明晰夢はまず感覚を研ぎ澄ませることから

夢に現れるテーマから自分の状況を考えてみると、たとえば「空を飛ぶ夢」は出現頻度がとても多く、多くの人が繰り返しみる夢のテーマの一つで、夢をみた本人の「自分の人生をどの程度コントロールできているか」への捉え方をわかりやすく示唆しています。空を飛ぶといっても、気持ちよく上空から眺めて飛ぶものから、地上すれすれで建物や人などにぶつかりそうになるというものまで、そのストーリーにはいろんなバリエーションがあります。前者に近いほど人生を上手くコントロールしていて、そんな自分と状況を客観的に見ており、後者ほど自分の人生をコントロールできていない、あるいはコントロールが難しいと自ら感じているということです。何か困難な立場に置かれている時かもしれません。

飛び方も人さまざまで、平泳ぎバージョンや、自転車を漕ぐように足を動かす飛び方まで、カウンセリングでお聞きしたことがあります。深いブルーの宇宙を飛びながら青い地球を眺めるという夢について聞いた時には、人生を上手くコントロールしているということを超えて、芸術的だとすら思いました。

　このような典型的なテーマは繰り返しみる確率も高く、夢だと気づくチャンスが多いのではないかと思います。その都度、夢の中の感覚を研ぎ澄まし、夢の中での自分の感情をしっかり味わうのが明晰夢をみる秘訣です。「これは現実とは違うから夢だ」と気づけば、それは明晰夢です。明晰夢であれば行きたいところに着地できるでしょうし、ぶつかりそうな夢であっても建物を避けながら飛ぶこともできますよね。

　さらに、夢の中で感覚や感情を敏感にするように意識し続けていると、起きた後もみた夢の記憶が強く残ります。明晰夢は悪夢とも相関があるとお話ししましたが、両方とも鮮明性が高いという特徴を持ち、明晰夢はポジティブ・ネガティブ両方の感情を強く感じられ、悪夢はネガティブ感情に偏った夢といえるかもしれません。我々のグループの研究によると、夢の鮮明性が高い人は典型的に「夢の中でポジティブ感情とネガティブ感情を強く感じる」ことがわかっています。これらの人々は、普段の生活でも強い感情を経験していて、そんな感情を抱く自分を客観的にみているのかもしれませんね。夢の中で体験頻度の高い感情を現実世界でも注目し、それらの感情を引き起こした出来事を整理してみてはいかがでしょうか。

	いつも感じる	よく感じる	時々感じる	たまに感じる	めったに感じない	全く感じない
羞恥心	2.3	6.5	16.6	22.3	36.5	15.8
驚き	5.0	17.6	28.4	22.8	20.9	5.4
嫌悪感	3.1	9.8	16.9	23.6	34.3	12.4
不安感	5.5	22.1	27.7	24.2	16.7	3.8
緊張感	6.2	18.0	27.8	22.8	19.0	6.1
焦り	7.0	26.1	27.9	18.2	16.0	4.8
恐怖感	8.1	27.8	32.4	18.4	10.6	2.7
悲しみ	4.9	19.4	29.4	20.5	21.5	4.3
怒り	3.8	13.4	23.4	20.3	31.1	8.1
幸福感	8.4	28.5	32.6	16.4	11.9	2.2
希望	8.0	25.3	27.4	20.0	16.6	2.7
安堵感	4.2	19.5	30.6	20.8	22.4	2.5
嬉しさ	12.6	44.7	29.3	7.9	4.8	0.6

［図6］夢見における各感情の体験頻度［23］

日本の大学生・短期大学生の男女1267名を対象に、普段家でみる夢で体験する感情の割合を求めた、認知心理学者・岡田斉の調査（図6）では、夢の中でその感情を「いつも感じる」と回答した人の割合が、嬉しさ12・6％、幸福感8・4％、恐怖感8・1％、希望8・0％、焦り7・0％、緊張感6・2％、不安感5・5％、驚き5・0％、悲しみ4・9％、安堵感4・2％、怒り3・8％、嫌悪感3・1％、羞恥心2・3％という結果になりました。

「めったに感じない」または「全

く感じない」と回答した人の割合の合計は、羞恥心52・３％、嫌悪感46・７％、怒り39・２％、驚き26・３％、悲しみ25・８％、緊張感25・１％、安堵感24・９％、焦り20・８％、不安感20・５％、希望19・３％、幸福感14・１％、恐怖感13・３％、嬉しさ５・４％でした。総じて、ポジティブな気分では「嬉しさ」が、ネガティブな気分では「恐怖感」と「焦り」の体験頻度が高いことがわかります。

「いつも感じる」と「よく感じる」を合わせると、やはりここで測定した感情の中では「嬉しさ」の体験頻度が最も高く、その次に「幸福感」「恐怖感」と続きます。「嬉しさ」をその他のポジティブな感情よりもたくさん体験するのは、感情の強度が高いからと考えられます。私は仕事柄「恐怖感」のある悪夢をお聞きすることが多いので、一般の大学生は夢の中でポジティブな感情の体験が多いことにほっとします。

また因子分析という方法（13の夢の感情から、より少数の共通する因子に要約してまとめるやり方）を使って、これらの夢の感情をグループに分けると、「驚き」や「羞恥心」はポジティブな感情のグループにもネガティブな感情のグループにもすっきり入らない、第三ともいうべき感情のグループとなりました。これらは体験頻度が低いようです。典型的な夢のテーマにある「衣服を着ていない夢、裸になる夢」などの印象が強いせいか、「羞恥心」の夢はもっと多いような気がしていましたが、この調査では最も少ない結果となっています。「羞恥心」は「焦り」や「恐怖感」などに比べて、感情の強度がマイルドで、夢の記憶に残りにくいのかもしれません。

第七夜

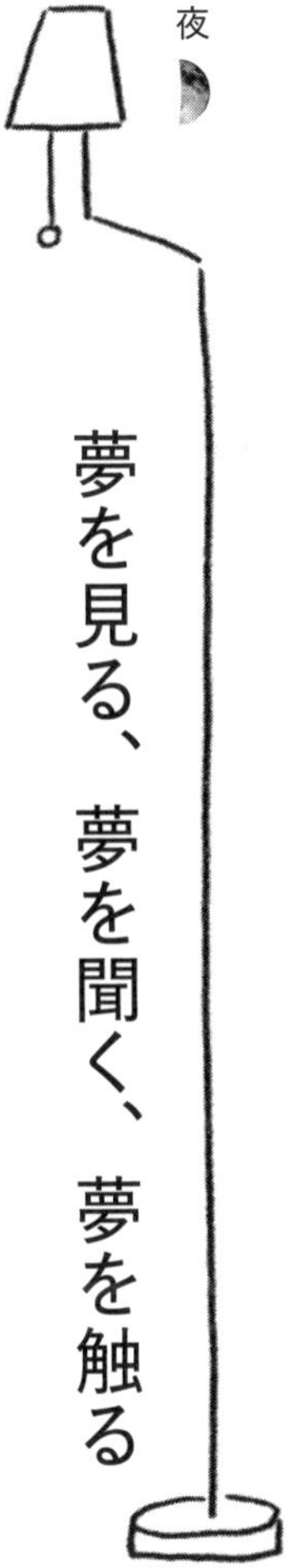

夢を見る、夢を聞く、夢を触る

「見る」以外の夢

「感覚」は、日常生活の中に溢れる物理的刺激を、我々の身体に遍在する目や耳などの感覚受容器でキャッチして処理することで生じます。数ある感覚の中で代表的な感覚は、視覚（映像として見えるか）、聴覚（音や声がついているか）、嗅覚・味覚（味やにおいを感じるか）、皮膚感覚（触感、痛さ、熱さ、冷たさなどを感じるか）のいわゆる五感です。その他にも、運動感覚（走る、歩くなど自分が何かしているか）、内臓感覚（空腹、満腹、のどの渇き、尿意、内臓の痛みがあるか）、平衡感覚（身体のバランスが取れるか）などもあります。夢の中では夢に現れた刺激（出来事や人物）をキャッチして感覚が生じるわけです

	内臓感覚	嗅覚	味覚	皮膚感覚	運動感覚	聴覚	色覚	視覚
いつもある	2.3	1.0	1.3	5.5	47.9	50.2	56.4	65.4
時々ある	15.5	5.6	6.7	23.9	33.7	26.0	23.5	21.8
たまにある	27.5	9.8	13.4	26.1	13.8	14.6	12.1	10.2
めったにない	33.1	45.0	44.6	32.5	4.3	7.9	7.1	2.6
全くない	21.6	38.6	33.9	12.0	0.4	1.4	1.0	0.0

［図 7］夢見における各感覚モダリティの体験頻度［25］

が、「夢見る」と言うように視覚はほとんどの人の夢で体験する感覚のようです。被験者をレム睡眠中に覚醒させた時の、夢と感覚の実験データをレビューした論文では、夢で視覚があった体験率は85〜100%、次に多いのは聴覚で53〜76%、その次は運動感覚であるが、8〜75%とばらつきが大きく、触覚はさらに少ない1〜26%の体験率でした。嗅覚、味覚、痛覚に至っては7%以下と、夢の中ではかなり体験が稀な感覚であったと報告されています[24]。

感情の分析同様、日本の大学生・短期大学生を対象に、普段みる夢で感覚を体験する割合をさらに詳しく求めた調査（図7）では、夢の中でその感覚が「いつもある」と回答した人の割合が、視覚65・4%、色覚56・4%、聴覚50・2%、運動感覚47・9%、皮膚感覚5・5%、内臓感覚2・3%、味覚1・3%、嗅覚1・0%であり、「めったにない」または「全くない」と回答した人の割合の合計が、嗅覚83・6%、味覚78・

5%、内臓感覚54・7%、皮膚感覚44・5%、聴覚9・3%、色覚8・1%、運動感覚4・7%、視覚2・6%でした。よく経験する感覚と、めったに経験しない感覚が二分されているといってよいでしょう。

つまり視覚、聴覚、運動感覚が人々の夢によく表れる感覚で、皮膚感覚、内臓感覚の体験はうんと少なく、味覚や嗅覚はほとんど夢の中では体験しない感覚で、前述した睡眠実験データのレビューと類似の結果となっています。その意味では、「美味しいものを食べる夢」などは貴重な夢といってよいでしょう。普段の生活の中で我々がよく体験する感覚が夢にも現れる傾向を示しているとしたら、料理関係のお仕事に携わっている方や美食家は、味覚がある夢が一般の人よりも多いかもしれません。

このようにばらつきはありますが、人は「見る」だけには限らず、あらゆる感覚を夢の中で体験しているようです。一般的に夢をよく覚えている人の夢は、感覚的な情報の量が多いことがわかっています。たとえば「泳ぐ夢」で運動感覚のみ経験する人もいれば、冷たさなどの皮膚感覚を同時に経験して思い出す人もいて、後者が一般的に夢をよく覚えている人といえます。

見えない、聞こえない人の夢

たとえば、視覚に障がいがある人は夢の中での「視覚」はどうなるでしょうか？一般的には視覚以外の感覚が夢に出現しやすいことが確認されている、先天性の視覚障がいがある人の場合も、その人の心の中のイメージを夢に「見る」ことはあるようです。人生の途中で視覚を失った人は、失明の時期にもよりますが、七歳以降に失明した場合は夢でも見ることができ、もっと幼い場合では、夢の視覚イメージも覚醒時の視覚イメージも不明瞭になるようです[26]。私たちの脳には感じたものすべてを処理し、記憶するシステムがあります。夢に登場する事物や人物は、基本的に私たちの脳のライブラリーに貯蔵された記憶情報ですから、過去の視覚的記憶を引っ張り出すと夢では「見る」ことができるわけです。

神経科学者のエリザー・J・スタンバーグは先天盲の患者さんも視覚、色覚、触覚がある豊かな夢をみる症例を報告しています[26]。しかし、そのイメージは視覚情報をもとにした鮮明な映像ではないため、必ずしも外界の事物や人物とマッチしているわけではありません。そのため、いわゆる「見える夢」とは異なります。しかしその一方で、普段の生活の中でより鋭敏に使っている音や手触りなど、視覚以外の感覚が含まれる夢をみているようです。

先の岡田らが行なった、聴覚障がいがある高校生とそうでない高校生とを比較した調査では、聴覚の夢は少ないものの、先出の実験結果では低かった運動感覚、味覚、嗅覚、内臓感覚の体験率が高かったことを示す結果が得られています[27]。さらに聴覚障がいがある高校生は、明晰夢も悪夢の体験も多く、鮮明性が高いということがわかりました。いずれかの感覚が少ないことで、他の感覚が鋭く増幅した夢を多くみているのだと考えられます。

夢でにおいや味がするのは食いしん坊？

味覚と嗅覚は互いに密接に関連している感覚であり、夢の中での体験は実験によると稀のようですが、みなさんの夢ではどうでしょうか？　いくつか味覚と嗅覚の夢を紹介しましょう。

講演会で味覚の夢を教えてくれた60代の女性は、「甘い飴をなめている夢」をみて起きた時によだれが出ていて、家族に「口をもぐもぐさせていたよ」と言われたそうです。もちろん口の中には飴はありません。とても可愛らしく楽しい夢ですね。睡眠実験室で、味覚と嗅覚と聴覚が複合する夢を教えてくれた20代の大学院生は、「お肉がジュージュー焦げて、いいにおいがして食べたら脂が甘かった夢」をみていました。実験が終わって起きた時に「お腹が空いた！」と言っていたので、空腹が夢の引き金刺激となっていたかもしれません。

明晰夢をみられる20代の男性が、「ロマンスカーの中で、熱々のサーロインステーキと、焼けたアップルパイにアイスクリームがかかった甘いデザート付きのお弁当が乗務員さんから出された夢」をみて、夢の中で「これはロマンスカーで出るお弁当ではない」と自覚したそうです。「熱々」のステーキに「冷たい」アイスといった温度感覚もあり、とても食いしん坊な彼ならではの夢と思いました。現実との違和感にいち早く気づいているので、普段から明晰夢に慣れ親しんでいるのでしょう。

味覚・嗅覚・触覚などのマイナーな感覚が鮮明な明晰夢者の夢もあります。61ページにも登場した、ハイパー明晰夢者の20代女性に再びご登場いただきましょう。

いつもより視点が低く、小学校低学年くらいに戻っていたと思う。友人と二人で駅とその目抜き通り周辺を歩いていた。景色が微妙に白茶けて見えたが、道が舗装されていないせいだと思って、あまり気に留めていなかった。戦後を思わせる粗末な木造平屋が並んでいた。一方で遠目には、高くはないがビルや鉄塔が見え、大きくはないものの洋式のしっかりした造りの駅舎があった（柱にはブドウの彫刻が施されていた。梁もアーチ状で華美ではないが装飾がかなり凝っていた）。

キオスクのような売店では、箸に刺さったキュウリの浅漬け（良心的な値段でとても美味しかった）やペットボトルのお茶が売られていた。東口の通りの店では（商店だったか屋台だったかは定かではないが、古い雰囲気だったのは覚えている）、カラフルでさまざまな模様の入った金太郎飴（素朴な味で美味しかったが、うっかり噛んだら歯のくぼみに詰まってしばらく取れなかった）や綿菓子が売られていて、瓶入りラムネを扱う行商のおじさんもいた。呼び込みやお喋りの声が聞こえ、砂糖を焦がして燻（いぶ）すような煙たくも香ばしい香りがしていて、街全体が活き活きとしていた。

友人を探していた私たちは、西口方面（こちらは東口とはうって変わり、人通りはあれど人々の会話は少なく、忙しない雰囲気）にも向かったが彼女の姿は見えなかった。駅の売店のおばさんに尋ねるが、見ていないと言われどうしようかと困ってしまった。

「キュウリの浅漬け」（味覚）や「素朴な味で美味しかったが、うっかり噛んだら歯のくぼみに詰まってしばらく取れなかった」（味覚・皮膚感覚）、「砂糖を焦がして燻すような煙たくも香ばしい香り」（味覚・嗅覚）などが夢の中で活き活きと体験されています。彼女の話から、私は映画『ALWAYS 三丁目の夕日』の光景を思い浮かべました。また、「いつもより視点が低く、小学校低学年に戻っていたと思う」という描写は、夢の中でも視点の違いに気づいていて、まるで写真家や建築家のようです。

普段、作曲をしている人は楽器や歌声、音符などの夢をみるでしょうし、体操の選手は宙返りなどの運動感覚が表れている夢をみているかもしれませんね。写真家の中には、夢の中の対象物の角度や光の射し方までも覚えている人も多そうです。その人が日常生活でよく使う感覚が夢にも反映されていると考えて良いでしょう。

明晰夢では五感をフルに使う

明晰夢をみられる人は、夢の中での些細な違和感から夢だと気づくように、夢の中で物事をリアルに深く感じ取ることができます。明晰夢者の鮮明な夢事例からは、明晰夢で豊かな「感覚モダリティ」（五感に加え、運動感覚・平衡感覚・内蔵感覚などの感覚のこと）と、時間感覚を持つことができるとわかります。明晰夢者は起きている時と変わらず、夢の中で目・耳・鼻・指の器官を使って刺激を感じ取るのです。たとえば、明晰夢者が夢の中でイタリアンレストランに行ったとします。そのお店でカルパッチョを頼み、出てきたお皿をじっと見ると、そこには鮮やかな赤身と白身のお魚が乗っています。そのお皿を触るとよく冷えていて、赤身を一切れ口に入れると、ねっとりしたうまみと鉄分を夢の中でも感じることができます。「真鯛かな」と白身魚をよく観察したり、かかっているソースの色が緑なので「バジルなのか」と、においを嗅いでみたりすることもできるのです。

ノースウエスタン大学で行なわれた実験では、被験者は明晰夢をみながら、外界のサインに応答し、簡単な計算問題に答えることができたと発表しています[28]。この実験は、脳波や筋電図の測定から「眠っている」と判断できる状況で、実験者の声もしくはバイオリンの音による音刺激か、赤いライトのフラッシュによる光刺激を寝ている被験者に与え、これらが夢に取り込まれたら、被験者はレム睡眠の時に唯一動かせるサッケードで合図します。そして音声で出題された足し算課題に対し、眼球を動かした回数で答えるというものでした。明晰夢をみる人はすごいと思う反面、ここまで感覚が研ぎ澄まされた夢を毎日のようにみると疲れるだろうなとも思います。

このように人は、色、香り、温度、重さなど、感覚をフルに研ぎ澄まして、対象物を夢の中でも深く知覚することができます。じっくり五感を使って対象物を観察することに集中し、ときには少し距離を取って、（マインドフルネス的に）五感で味わう自分を観察する機会を意識的に持つことで、夢でも現実世界から延長して五感で楽しめる可能性が高まると考えられます。実際に瞑想の熟練者と初心者では、前者の方がマインドフルネスの成果が高く、夢の体験頻度が多いという調査結果があります。ただ、一定期間のマインドフルネス訓練では明晰夢が増えなかったという結果もあったので、継続的に行なう必要があるようです[29]。

第八夜

国や文化が違っても みる夢は同じ

王道の「間に合わない夢」

ドイツの夢研究者であるマティスとシュレードルの二人が、２０１４年、２８００名を超えるドイツ人に夢のテーマをウェブで回答、もしくは自身で日記に記録してもらいました（図8）。よくみられる典型的なテーマをいくつかご紹介していきましょう。ちなみにこの順位はカナダ、アメリカ、ドイツ、日本、中国での調査とも一致率（順位相関）が高いそうです。

次の表をご覧いただくとおわかりだと思いますが、みなさんもみた経験がある夢のテーマばかりではないでしょうか？「空飛ぶ」夢のバリエーションが多いことは既

ウェブ調査	
1位	空を飛ぶ
2位	何度も何かにトライする
3位	追いかけられる・追う
4位	性的経験
5位	学校・先生・勉強
6位	間に合わない
7位	既に亡くなっている人が夢の中で生きている
8位	いま生きている人が夢の中で死亡
9位	攻撃される
10位	泳ぐ
11位	落ちる
	凶暴な野獣
13位	洪水・津波
14位	美味しいものを食べる
15位	閉じ込められる
16位	縛られて息ができない
17位	殺される
18位	鮮明に見える
	悪い人や悪魔と戦う
20位	お金を見つける
21位	乗り物のコントロールを失う
22位	火事
	足元が崩れて落ちる
24位	不適切な衣服を着ている
25位	昆虫・蜘蛛
26位	窒息させられて息ができない
27位	誰かを殺す
28位	トイレが見つからない
	試験に落ちた
30位	子どもに返る

夢日記	
1位	学校・先生・勉強
2位	追いかけられる・追う
3位	間に合わない
4位	何度も何かにトライする
5位	泳ぐ
6位	性的経験
7位	美味しいものを食べる
8位	不適切な衣服を着ている
9位	凶暴な野獣
	閉じ込められる
11位	乗り物のコントロールを失う
12位	攻撃される
13位	試験に落ちた
14位	いま生きている人が夢の中で死亡
15位	昆虫・蜘蛛
16位	空を飛ぶ
	洪水・津波
18位	鮮明に見える
	足元が崩れて落ちる
20位	既に亡くなっている人が夢の中で生きている
	火事
22位	トイレが見つからない
23位	悪い人や悪魔と戦う
24位	縛られて息ができない
25位	落ちる
	裸になる
27位	殺される
	お金を見つける
	新しい部屋を見つける
30位	子どもに返る

[図8]夢の頻出テーマ(web 調査と夢日記の比較)[30]

にお話ししましたが、ウェブ調査1位の「空を飛ぶ」と11位の「落ちる」はセットで夢に出てくると、ネガティブな結末になることが多いです。「間に合わない」夢もバリエーションが豊富な夢の一つです。たとえば、「アポイントの時間に間に合わない」「試験勉強が試験前に終わらず、問題を見て頭が真っ白になる」「試験時間内に回答が終わらない」「電車や飛行機に間に合わず遅れてしまう」などです。今年の春学期、関東は新型コロナウイルスの感染抑制のため、自粛期間中ウェブでの授業に変更となった大学が多かったのですが、「ネットのトラブルでレポートの提出が間に合わなかった」夢をみていた学生もいました。学習環境の変化は学生にとって多大なストレスをもたらします。夢のシミュレーション機能から言えば、きっと真面目な性格の学生で、そういった事態を防ぐための準備をしているからだと思います。

　同様の「焦り」の夢では、「何かに何度もトライするが、なかなか上手くいかない」のもよくみる夢の一つに挙げられます。「約束に遅刻しそうで、相手に電話をかけようとするが、なかなか上手く番号を押せずかからない夢」などがそうです。「指がすべってＬＩＮＥの文字入力が上手くいかない夢」なども体験したことがあるのではないでしょうか。そのほか、「何かを避けようとする」「片付けようとする」「退治しようとする」「何かに掴まろうとする」などの行動も見られます。

安定して上位に入る夢の頻出テーマは、ウェブ・夢日記ともに「何度も何かにトライする」「追いかけられる・追う」「性的経験」「学校・先生・勉強」「間に合わない」です。なぜ人間の夢に共通パターンがあるのか、はっきりとはわかっていませんが、これらは集団の中で生きるヒトという動物が、現実世界の中でより良く生き、生き残っていくために必要なシミュレーションを夢の中で行なっていることを表し、進化的に意味があるテーマと考えられます。

全体的に味覚の夢が少ないものの「美味しいものを食べる」夢はウェブで14位、夢日記では7位にランクインしています。食べることは日常生活に必ず登場する行為なので、夢に登場するのも自然なことですね。食糧の確保が難しい時代や地域ではもっと多くなる夢なのではないかと推測します。また、ウェブ調査で1位の「飛ぶ夢」はいわゆる夢らしい夢ですが、夢日記では16位です。こういった順位にばらつきがあるデータに関しては夢日記の方が正確で、ウェブ調査は印象に残ったものの順位が上がるバイアスがあるとみられています。そのほか「いま生きている人が夢の中で死亡」といった人の生死に関わる夢は記憶に残りやすく、いわば「夢のお告げ」のように、

「みた！」と認知バイアスがかかりやすい夢といえるでしょう。

夢の中に登場する機械も進化する

このドイツの研究では、夢の性差と年代差についても調べています。調査に協力したのは10～80代の男女でした。男性に特に多い夢は、「性的体験」「乗り物のコントロールを失う」「火事」などです。女性に多い夢は、「既に亡くなっている人が夢の中で生きている」「いま生きている人が夢の中で死亡する」でした。男性の夢は一般的に性的要素や攻撃的要素が多く、女性の夢は友好的な対人関係が多いことがこれまでの研究で指摘されていますが、この調査の結果からもその傾向が見られます。

一方、年代差があったものは次の通りです。年齢を重ねるほど増える夢は、「空を飛ぶ」「何度も何かにトライする」「既に亡くなっている人が夢の中で生きている」「落ちる」「洪水・津波」。一方で、年齢を重ねるほど減る夢は、「性的体験」「学校・先生・勉強」でした。死に関連する夢のほかは、なぜ増えるか説明が難しいものもありますが、減る方はわかりやすいですね。

学校に関連した夢は、大学生よりも高校生の方が目立ちます。部活や試合、試験などども若い方に頻出するテーマです。夢の研究では、夢の内容を日常生活（覚醒時）との連続性で説明しようとする仮説があります[31]。つまり、日常生活で多く情報処理するものは、睡眠でも処理されやすく、夢にも出現しやすいということです。

「間に合わない夢」や「何度もトライする夢」に頻出するモチーフとして、「電話」はよく挙がります。過去に『通販生活』の編集部が、繰り返される夢内容を調査した時にも、「小さい頃から『電話が上手くつながらない夢』を繰り返しみてきたが、夢の状況や設定は変わらないまま、ダイヤル式電話→プッシュホン→携帯電話→スマートフォンと、ツールのみが変化していく」と回答された人がいて、夢の面白さに気づかせてくれました[32]。このように夢のディテールには時代差・年代差が表れる傾向がありますので、各世代の価値観や物事への捉え方が反映されているといえます。ここに夢を読み解く面白さがあります。

夢の世界の色彩

講演会では、「夢がモノクロなのはどうしてですか？」「カラーの夢をみるのですが変ですか？」など、夢での色彩感覚（色がついているかどうか）についてよく質問されます。どうやら、色彩感覚には個人差があることはなんとなく知られているようです。「ほとんどの大学生はカラーの夢ばかりです」と答えると、ご年配者はとても驚かれますし、その逆もしかりです。「ほとんどの夢が白黒の方もいる」と答えると、大学生は驚きます。「ときには白黒の夢、ときにはカラーの夢」と混じって体験する人もいます。

なぜ夢での色彩感覚に年代差が出るのかについて決着はついていませんが、日本とドイツの研究グループがそれぞれ行なった研究では、世代によって白黒テレビとカラーテレビの普及率が異なることと、加齢に伴い色彩感覚が減少する傾向との関係性について指摘しています[33]。

悪夢のテーマは世界共通

悪夢の典型的なテーマはどうでしょうか？　岡田らのグループが日本人の大学生の

夢を質的にカテゴリー化し、体験頻度について予備調査を行なった結果[34]をご紹介したいと思います。典型的な悪夢のテーマは、先の典型的な夢のテーマのウェブ調査の順位（カッコ内）と比べながら挙げると左のようになりました。

1位　落ちる（11位　落ちる）
2位　何かに追いかけられる（3位　追いかけられる・追う）
3位　遅刻する（6位　間に合わない）
4位　大切な人が死ぬ（8位　いま生きている人が夢の中で死亡）
5位　自分が攻撃や暴力を受ける（9位　攻撃される）
6位　家族や恋人と別れる、縁が切れる
7位　怖い動物や想像上の生き物が出てくる
（11位　凶暴な野獣、40位　想像上の動物や人間）
8位　災害に遭う（13位　洪水・津波、22位　火事、48位　地震）
9位　他人が攻撃や暴力を受けるのを目撃する（9位　攻撃される）
10位　自分が危害を加える（27位　誰かを殺す）

ドイツの調査と比較しても似たカテゴリーとなっています。典型的な夢のテーマと悪夢のテーマの順位が似ているということは、人は全体的にそもそも悪夢の方が記憶に残りやすいということです。夢のテーマには、国・文化を越えて共通している部分が多いのです。

さらに、悪夢の想起頻度（思い出す頻度）を日独で比較してみましょう（図9）。評定の基準が異なるので大まかな比較になりますが、悪夢を週に1回以上みる人はドイツに多く、月に1回以上でもドイツの方が多く体験しています。日本の「めったにみない」人の44・8％に対して、ドイツは「1年に2〜4回」が22・01％。「1年に1回」が10・55％、「1年に1回未満」が14・01％と、明晰夢をめったにみない人の合計が46・57％で、ほぼ同じですが、全くみない人は日本の方が多いのです。これは52ページの表にあるように、ドイツの方が日本より約1時間睡眠が長いことが影響しているかもしれません。やはり日本人は全体として夢を楽しむ余裕がないのでしょう。

次に悪夢のテーマの方では、「追いかけられる夢」と「災害の夢」は同程度の出現率です。分類が一致していないので大まかな比較ですが、ドイツの方が「身体的攻

ドイツ人の悪夢の頻度（n=1213）	
1 週間に数回	5.94%
1 週間に 1 回	9.89%
1 か月に 2 〜 3 回	13.85%
1 か月に 1 回	14.34%
1 年に 2 〜 4 回	22.01%
1 年に 1 回	10.55%
1 年に 1 回未満	14.01%
なし	9.4%

日本人大学生の悪夢想起頻度（n=1425）	
ほとんど毎日	0.1%
2 日に 1 回	0.85%
週に 1 〜 2 回	3.7%
月に 1 〜 2 回	23.4%
めったにみない	44.8%
全くみない	27.1%

ドイツ人の悪夢の頻出テーマ（n=1213）	
失敗か無力感	18.17%
身体的攻撃	17.85%
事件	15.21%
追われる	13.98%
健康問題と死	11.6%
対人葛藤	9.62%
心配／悩み	6.83%
災害／災難	4.52%
邪悪な存在	4.36%
昆虫／害虫	1.97%
環境の異常性	1.4%
その他	6.25%

日本人大学生の悪夢の報告（n=128）	
追いかけられる	14.06%
自分の落ち度	10.16%
自分の命の危機	7.81%
他人の命の危機	6.25%
苦手なもの	6.25%
災害	4.69%
縁が切れる	4.69%
落ちる	3.91%
自分が危害を加える	2.34%

［図 9］ドイツ人と日本人の悪夢想起頻度の比率とテーマの比較［35］

撃」や「事件」「健康問題と死」の出現率が日本の「自分の命の危機」や「他人の命の危機」より多く、また、「失敗か無力感」の出現率が日本の「自分の落ち度」より多いようです。全般的にドイツの方が悪夢の体験頻度が多かったという事実と一致していると考えます。

子どもがよくみる夢

みなさんは子どもの頃にみた忘れられない夢はありますか？　その夢と、自分の今の夢との違いに気づきますか？　実は平均的に悪夢は、子ども時代に一番多くみており、大人になるほどだんだん減ってきます。今の小学生を対象に調査した結果を見ていきましょう。

小学生の夢における頻出テーマ [36]

最近みた夢	一番怖かった悪夢
1位　学校・先生・勉強	1位　追いかけられる・追う

2位　友達と遊ぶ
3位　追いかけられる・追う
4位　落ちる
5位　凶暴な野獣
6位　殺される

2位　殺される
3位　攻撃される
4位　恐怖で凍りつく
5位　想像上の動物や人間
6位　地球外生命体に遭う

小学校四～六年生の児童約２００名に調査した結果を見ると、子どもがよくみる夢のテーマは「学校・先生・勉強」「友達」が多く、子どもの生活環境がよく表れています。そして3～6位のテーマは悪夢といってよい内容です。夢が怖すぎて、がばっと起きた経験は誰しも一度は経験したことがあるでしょう。悪夢のテーマは大人とあまり変わりませんが、凶暴な野獣やキャラクター、想像上の動物や人間、地球外生命体が上位に入るのが子どもの夢ならではです。普段の生活の中で親しんでいるメディアの影響もあるでしょうし、未知の存在への怖さに対処できない子ども特有の無力感も関連すると考えられています。文化差、年代差を超えて共通する夢の内容には、普遍的で本能的な人間の脳の働きが関係すると考えられ、たとえば、人類の生存・共存の危機に瀕した時期の夢のテーマに関するデータを取り続けることができれば、より夢の機能について理解が深まるでしょう。

明晰夢者の鮮明な悪夢

明晰夢も悪夢も鮮明性が高いことは共通しており、個人の中で同じテーマが繰り返される特徴があります。明晰夢の体験自体がとても稀なので、典型的なテーマを見出すことは難しいのですが、明晰夢を頻繁にみる人は、その人が普段からよくみる夢の設定やスクリプトが存在している印象があります。「いつも水槽が登場する」「場所がいつも同じ校舎である」など、場面設定が似たようなところからスタートしていくので、より夢をみていることを自覚しやすいといえます。明晰夢者がみた、鮮明で俯瞰的な「世界が崩れ地球が終わる」悪夢の例を紹介します。

世界が崩れていく夢。初めは普通に生活していた。天気はずっと曇りで、冬でもないのに草木が枯れてしまっていた。景色は東京の九段下辺りに近く、他大学のビルやら橋やらがたくさんあり、サラリーマンや学生、OLなど人通りは多かった。しかし、町の喧騒がどこかちぐはぐで（音響式の信号がないのにその音が聞こえたり、人の話し声が妙に大きく聞こえたり）なんとなく気持ち悪かった。

放課後、友人と本屋で漫画を買い大学の空き教室で読んでいた。友人のサークルのメンバーが、誰かを待っていたのだがなかなか来ず、連絡も来ないため不審に思い、探しに行くことにした。教室の戸締りを確認するために窓際に行ったら、一変した街の様子が見えた。雲が濃い灰色になり、紫色の雷がその中で光っていて、風も黒っぽく、ビルのあちこちがボロボロになり剥げ落ちていた。用水路や川の水は、茶色みを帯びた黒に近い灰色になり、墨汁のような粘っこさが出ていた。南から進行しているようで、遠目に湾が干上がり、高い建物が骨組みを残して崩れてしまっているのが見えた。

逃げなくては、と外に出てしばらく走っていたが、途中から黒い燃えカスのような、脆《もろ》く粉っぽいものが降り始めた。ビルの壁が剥がれ、上空にゆっくり上がっていく。橋に出ると、街の状態が一望できた。

電車は動いていたが車両は黒く塗りつぶされたようになり、後方では線路も車両もビル同様崩れ始めていた。遮断機の音がけたたましく響き、人々の断末魔や助けを求める声が聞こえた。自分のいる橋以南の川はすっかり干上がってしまっていて、水が荒れ狂ったように北上していた。あちこちに人の死体が倒れていて、ぼんやりと、あと地球は何日保てるのだろうと考えていた。

　恐怖心は途中から麻痺していたが、喉がひりつき、自分の呼吸音が主音声のように聞こえていた。視界が真っ暗になった後、電車の走る音と踏切の警報機の音がＢＧＭのように鳴り響く中、灰色の空をバックに警報機の信号がアップで数秒見えた後、宇宙から地球を見るようなアングルになった。灰色のツルッとした球体が見え、ああ、地球は終わってしまったのだな、と落胆しつつ納得もしていた。

明晰夢者は普段から夢の中での感覚が人並み以上に鮮明なため、このように悪夢になった場合も生々しくなることがあります。この悪夢では、最初は地球の終わりを自分も体験していましたが、途中からその地球を宇宙から見るアングルに切り替わります。このように俯瞰する感覚は、「臨死体験者」にも見られます。

　アメリカの脳神経科学者ケヴィン・ネルソンによると、臨死体験者はレム睡眠と覚醒を切り替えるスイッチがスムーズではなく、レム睡眠と覚醒の二つの意識が断片化し、混在しているそうです。周囲の状況を客観的にみるなど、覚醒していながらレム睡眠の状態に置かれているため、身体は動かず「体外離脱」を体験するといわれています。事故直後に臨死体験をして、その後レム睡眠と覚醒が混在する明晰夢をみるようになった事例の報告もあります[37]。本人からの手紙にはこう綴られています。

「夢の中で、自分の身体に吸い込まれるように戻っていく気がします。それに、目が覚めても夢が続いていたり、夜、眠りに入る前から夢を見ているように感じたりすることもあります」

「夢の中で眠っていたが目が覚めた」と61ページで紹介した夢のエピソードからも、やはり臨死体験と明晰夢には接点があるような印象を受けます。

第九夜

眠っている時の頭の中と身体

夢の内容はみた本人が語ることによって、初めて他人とその内容を共有できます。明晰夢や悪夢はそれらのイメージがとても鮮明なので、本人もありありとそれらの夢を体験し、その夢の語りも明瞭です。レム睡眠が確認されている動物——鳥類や哺乳類は夢をみていると考えられていますが、その内容を人間が理解できる言語で語ってくれることがないので、どんな夢をみているかはわかりません。ペットを飼っている人は、可愛い家族がどんな夢をみているか想像したこともあるのではないかと思います。今は餌を食べている夢なのかな、今度は遊んでいる夢なのかななどと推測しますが、本当のところはもちろん不明です。昨今では、人間がみている夢のイメージを客観的に抽出しようと試みる研究も進んでいますが、みた夢を翻訳して言語化する、あるいは可視化して記録することができない限りはよくわかりません。

夢で未来のシミュレーションをする

そもそも夢は記憶情報の整理をすることで、我々がより良く生活するための「学習」に貢献していると考えられていること、また夢の機能には他にもいくつかの説が推測されているとご紹介しました。そして、「追われる」「間に合わない」「襲われる」など典型的な夢と悪夢にはテーマの重複が多く、そもそも人の記憶に残るのは恐怖や焦りなどの感情を伴う夢が多いことも先述した通りです（79ページ）。

ここで思い出していただきたいのは、人が寝ている間に膨大な記憶を処理しているのは、将来に必要そうな情報をもとに、イメージ上で問題への対処をシミュレーションするからだという「シミュレーション仮説」です。日中あった出来事に関する記憶情報を整理しながら、未解決の課題やこれから起こると予想される課題について、イメージの中でトライして失敗するあるいは成功する、といったシミュレーションだと考えるとわかりやすいのではないでしょうか。

人がよくみる夢の内容に、生命や身体の安全の確保など、生存に関わる夢（「落ちる」「自分が攻撃や暴力を受ける」「災害に遭う」「他人が攻撃や暴力を受けるのを目撃する」「自分が危害を加える」）や、自分の社会的な存在価値を傷つけて貶めるような事態や孤立する事態に関わる夢（「遅刻する」「学校・先生・勉強（恥、叱責、失敗などの場合）」「大切な人が死ぬ」「家族や恋人と別れる・縁が切れる」）が多いことも、シミュレーション仮説と考えると納得です。私たちは集団の中で生きる動物なので、他者と競争や協同をしながらサバイブしていくのです。夢のイメージの中では、これらの事態への対処に失敗した時点で目が覚めるか、何とか乗り切って目が覚めるかによっても目覚めた時の気分は大きく違いますが、明晰夢を習得すると、ストーリーが自分にとって劣勢であっても、夢の結末をポジティブに変えることができるので、目覚めの気分を改善できますね。

　このシミュレーション仮説は、フランスの大脳生理学者ミッシェル・ジュヴェが提唱したものです。レム睡眠中は全身の筋肉の動きを抑制するように、と指令を出している部位が脳幹（両側橋被蓋外背側部）にあるのですが、ジュヴェは猫を使った動物実験で、この部位を機能しないようにして、レム睡眠中でも筋肉の動きを抑制しないようにしたところ、猫からは何かを威嚇したり捕食したりする仕草が観察されたそうです[38]。自分を襲う相手を威嚇する、食事を確保するというのは、生命の維持や身体の安全の確保に関する重要事項ですよね。よって、ジュヴェは日常生活の中で重要な行動のシミュレーションを夢の中で実行していると考えたわけです。

身体が動かないから思いきり夢をみられる

このジュヴェの実験はつまりのところ、実験的に夢を体現することで、第三者に夢が見えるようにしたわけです。私たちが一晩のうちに体験するレム睡眠は、最初は入眠から90分後、その後波のように断続的に訪れるのですが、ぐっすり眠っている最中なので、身体を休めるレム睡眠時の脱力にはほとんど気づきません。しかし、稀に体験することもあります。寝入りばなに身体が沈み込む感覚、落ちていく感覚などの経験はないでしょうか？　仕事、勉強、介護などで睡眠不足が続き、とても身体が疲れているのに頭はさえて興奮状態にある時などは、睡眠のリズムが乱れてレム睡眠が寝入りばなに来ることがあります。身体が動かないのに、頭は半分覚めていて半分夢をみている状況を「睡眠麻痺」といい、一般的には金縛りといわれている現象です。日本においても、生理心理学者の福田一彦らがこの現象を研究しています。睡眠麻痺の状況では、身体が動けないからこそ怖いイメージを伴うことが多いようです。スイス人の画家ヘンリー・フュースリーの作品「夢魔」（図10）は、典型的な金縛りのイメージを表していますね。胸の上に何か怖いものが乗っていて、声が出せない、身体も動かないといった様子を示しています。しかし、夢をみている時に身体が動くのは別の意味で怖いのです。

［図10］ヘンリー・フュースリー「夢魔」（1781年）

　仮に我々が実際に夢をみている時に、身体が動いたらどうなるかとイメージしてみましょう。凶暴な動物から必死に逃げる夢をみていたら、ベッドから飛び出して壁にぶつかってしまう、あるいは同じ布団に眠る家族を蹴ってしまうかもしれませんね。脱力して身体が動かないことによって、毎晩安全に夢をみることができているわけです。

実際に、実験同様、夢とともに身体が動いてしまう病気があり、これを「レム睡眠行動障害」といいます。50〜60代の中高年期、初老期に発症することが多い病気で、睡眠時随伴症の一つです。多くの場合、レム睡眠時に攻撃的行動が見られ、泣く・叫ぶなどの寝言は夢の内容と一致していて、中途覚醒すると速やかに意識が鮮明になります。最近の研究では、レム睡眠行動障害が起こっている時の行動と眼球の動きが一致しているといった調査報告もあります[39]。

　レム睡眠が終わるとその行動は落ち着きますが、追いかけられたり襲われたりする悪夢をみているのが一般的ですので、夢の中で逃げようとして家具にぶつかり怪我をしたり、襲われると思って隣にいる家族を攻撃して怪我をさせてしまったりということも起こりかねません。レム睡眠行動障害の場合には、脳腫瘍、パーキンソン病、レビー小体認知症などの発症初期や前駆症状としても知られており、投薬による脳の病気のための医学的治療を受けることになります。もし夢をみている時の行動が気になるご家族がいる場合には、早めに睡眠外来に相談してはいかがかと思います。

　類似の睡眠時随伴症には、幼児期から児童期にみられることの多い「睡眠時遊行症」と「夜驚症《やきょうしょう》」があります。前者は睡眠中に動いてしまう症状で、後者は叫ぶ症状が中核にありますが、これらはレム睡眠行動障害と異なり、起こそうとしても寝ぼけていてなかなか目が覚めず、朝目覚めた時にはその記憶がありません。睡眠時遊行症と夜驚症はともに、発達途上にある子どもの脳の発達に付随する問題として起こることが知られていますが、成長とともに一過性で終わることが多いため、経過観察となり、特に医学的な治療は行なわれないのが一般的です。お子さんの場合はあまり心配しすぎず、安心するような声かけで見守るのが良いかと思います。

さまざまな睡眠障害がある中、しっかり睡眠をとれるというのは何より幸せなことです。夢をみないくらいぐっすり寝られるのも生活の中では大事なことですね。毎晩いくつか夢はみていますが、それが記憶に残らないのは、睡眠中に適正に情報処理が終わったということだと私は捉えています。明晰夢をよくみることができる人は、イメージの中で遊べてうらやましい面もあるのですが、夢イメージが鮮明なだけに疲れることもあると思います。明晰夢を自在にみられる30代の女性が以前、「この夢の展開はこういう結末にすればいいのだけれど、それも面倒だからもう起きちゃおう」と夢を中断させて目覚めたエピソードを教えてくれました。

レム睡眠時には、眼球運動以外は身体が脱力するからこそ、どれだけリアルな夢をみて夢の中で暴れまわっても、寝ている身体はビクともせずに安全に夢がみられるということがわかりました。明晰夢は正常なレム睡眠時の夢見ですから、身体は動かず健康的に夢を楽しめます。しかも、明晰夢はシナリオを思い通りに描けるのに加えて、寝ている感じがあまりなく、脳の中だけで身体を現実世界の様に自由自在に動かせます。その不思議な感覚をぜひ味わってみたいと、みられることは稀であっても明晰夢を楽しみたいという人が多いのです。

第十夜

眠りの深さと長さが夢の中身を形づくる

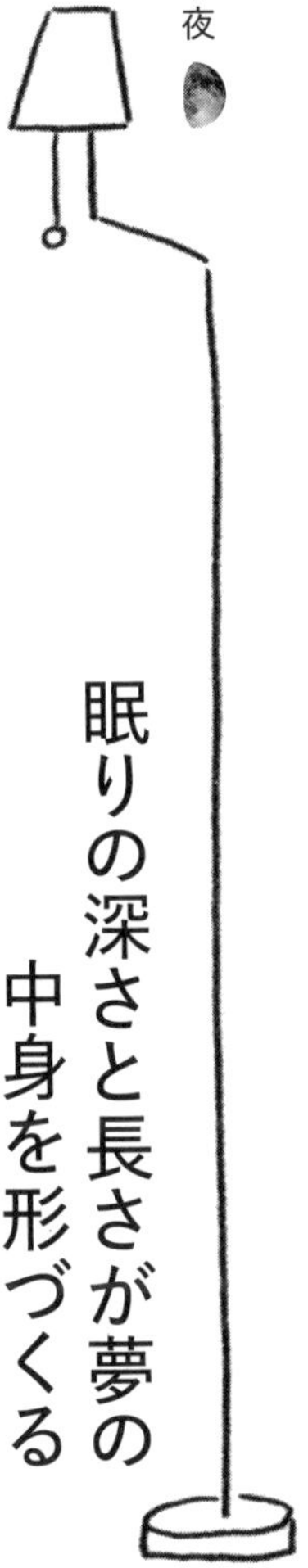

快眠から遠いさまざまな眠りと悪夢

楽しい夢とともに快眠が得られるのは心身共に健康な時です。しかし、頭と身体のバランスが崩れた際の睡眠時には、不思議な現象が色々起こります。寝すぎ、寝なさすぎ、そもそも眠れないなど、睡眠障害が起こることもあります。睡眠障害の診断と分類を行なうマニュアルはたくさんありますが、一つの基準としてメンタルヘルス（心身の健康）の専門家がよく使用しているアメリカ精神医学会の精神障害の診断・統計マニュアル（DSM-5）をここで取り上げましょう[40]（図11）。

睡眠リズムが乱れた入眠時に起こる睡眠麻痺（いわゆる金縛り）は、不規則な生活パ

睡眠時随伴症群の種類

・**ノンレム睡眠からの覚醒障害**：子どもがノンレム睡眠中に歩いたり、話したり、叫んだりするもの。睡眠中に歩き回るなどの症状がみられる睡眠時遊行症（一般的には「夢中歩行」と呼ばれる）、突然起きて強い恐怖感を訴える睡眠時驚愕症（一般的には「夜驚症」と呼ばれる）がある。

・**悪夢障害**：恐怖の夢をみて睡眠中に飛び起きてしまうことに悩まされているもの。青年期がピークですが、子どもから成人まで幅広い年代で見られる。

・**レム睡眠行動障害**:レム睡眠中に夢の内容に合わせて奇妙な行動をとるもの、初老期に多い。

・**レストレッグス症候群**：足先がむずむずして寝つけず、不眠症の重要な理由になる。

・**物質、医薬品誘発性睡眠障害**：違法な薬物や医薬品の乱用による中毒、その離脱症状が引き起こす睡眠障害。アルコール、カフェイン、大麻、コカイン、ヘロイン、抗不安薬などの薬物に対する物質依存からの離脱（禁断）症状時に起こる。

睡眠障害の種類

・**不眠障害**：睡眠の量に関する不満足感や寝つけない、途中で早く目が覚めるなどの睡眠の質の低下がある。起床時に回復感がなく、一日に何度も眠気に襲われ、それらに伴って日中の眠気や疲労感、活動の低下が引き起こされるもの。

・**過眠障害**：夜間に 9 ～ 10 時間と十分に眠っているにもかかわらず昼寝を必要とするもの。

・**ナルコレプシー**：日中に突発的な強い眠気が一日の間に何度も起こって眠りこんでしまうもの。起床後も覚醒状態を維持することが難しく、笑いや冗談による脱力が強烈な眠気を引き起こす場合もある。

・**呼吸関連睡眠障害群**：睡眠中のいびきがひどく、呼吸が浅いか一時的に停止するなど不十分であり、夜中に何度も目が覚め、ぐっすり眠った感じがなく、睡眠時間が十分であっても日中の眠気や疲労感がある。閉塞性睡眠時無呼吸低呼吸、中枢性睡眠時無呼吸、睡眠関連低換気がある。

・**概日リズム睡眠、覚醒障害**：睡眠のパターンが非常に不規則になり、社会生活との折り合いをつけることが難しいもの。睡眠相後退型、睡眠相前進型、不規則睡眠 - 覚醒型、非 24 時間睡眠覚醒型、交代勤務型がある。

［図 11］睡眠時随伴症群と睡眠障害一覧 [41]

ターンや過労などによって起こりやすいものです。またレム睡眠時に脱力しないで夢に合わせて身体が動いてしまうレム睡眠行動障害は、初老期に起こりやすいこともお話ししました。それとは対照的に、幼児期から児童期に起こりやすい睡眠時遊行症と夜驚症は、ノンレム睡眠の時に身体が動き、目も開いて、ときには話したりすることもある症状だとお話ししました。

寝入りばなや睡眠中、目が覚める時に起こるこれらの睡眠の異常を、睡眠医学の世界では「睡眠時随伴症」といいます。睡眠時随伴症の代表例には「悪夢障害」があります。悪夢への対処法の一つとして、悪夢をみた時に「これは夢だから」とシナリオを書き換える明晰夢のトレーニングも用いられています。トラウマがもたらす悪夢は決まったパターンがあるので、これはいつもの悪夢だと気づきやすいかもしれません。悪夢をみすぎる人は不眠症になりやすく、過眠症やナルコレプシーの患者さんは明晰夢をみやすいとの研究もあります。また睡眠時無呼吸症の患者さんも悪夢が多いといわれています。

なかでも代表的な「不眠症」は、寝ても良い状況であるのにもかかわらず眠れない睡眠障害です。寝る時間がとれないくらい仕事や学業、家事、介護で忙しく、結果的に短時間睡眠となっている場合は、「強制的短時間睡眠」として不眠症とは区別しましたね。また、どうしても気にかかる出来事がストレスになっていて、そのことが頭から離れないといった場合も不眠症になりがちです。不眠の中でも、眠りにつきにくいのではなく、睡眠が細切れになって頻繁に目が覚めてしまう場合は、夢の記憶を固定する機会が多くなるため、結果として嫌な夢を思い出すことが多くなると思います。

一方、「過眠症」は日中にいつも強い眠気に襲われるという、若い年代の人でみられる睡眠障害です。つまり、覚醒を維持できないということです。過眠症は体質的に平均より長い睡眠時間を必要とするロングスリーパーとは区別します。ロングスリーパーはたっぷり眠ることですっきりして、頭と身体は日中適正に働きますが、過眠症はたとえたっぷり寝たとしても日中の眠気はとれません。日中の耐え難い眠気があるという点では、「ナルコレプシー」という睡眠障害も同様です。

浅い睡眠が多いナルコレプシーは明晰夢をみやすい

過眠症の方は一度に長く寝てしまいますが、ナルコレプシーの方はある程度眠ると眠気がとれます。しかし、頻繁に脱力発作を起こし、覚醒から一気にレム睡眠に入ってしまいます。そのためナルコレプシーの患者さんは、睡眠麻痺（金縛り）をよく経験します。先に述べたように、睡眠麻痺自体は健康な人でも生活の状況によっては経験しやすく、（おそらくみなさんも経験があると思いますが）何かに身体を押さえつけられているようで、身体は動かず声も出ず、足を摑まれたり首を絞められたりなど怖いイメージが見えます。このときに見えるイメージのことを「入眠時幻覚」といいます。睡眠麻痺の時には、いわゆる生々しい恐怖の夢が起こりがちです。そのような場面でパニックを起こしかけたら、呼吸をゆっくりする、身体の一部や指先などを動かせるようになると、急速に睡眠麻痺が解けますので焦らずにトライしてみましょう。

　これら長時間の睡眠を必要とするタイプの過眠症とロングスリーパーは、睡眠サイクルを繰り返す中でレム睡眠が長くなるので、明晰夢をみやすい条件が整っています。またナルコレプシーの患者さんは、ノンレム睡眠のステージ３・４の深い睡眠が少なく、入眠時レムを含むレム睡眠やステージ１・２の浅いノンレム睡眠が多いので、トレーニングなしに明晰夢をみられる達人かもしれません。

　ヨーロッパの夢研究者グループが、臨床神経学分野で最も権威ある学術雑誌に発表した論文では、ナルコレプシーの患者さんの77～78%が自然に明晰夢をみて、悪夢をコントロールができると言っています[42]。しかもナルコレプシーの患者さんは昼間に強い眠気があるため、ＭＲＩ装置を使用したうるさい環境下の実験でも眠ることができて、とても良い実験協力者だと研究者の間では重宝されています。ナルコレプシーの方は生々しい悪夢もよくみる一方で、明晰夢もよくみられるということですね。明晰夢をみやすい人は創造性が高いというパーソナリティを持ちますが、やはりナルコレプシー患者は統制群（そうでない人のグループ）に比べても創造性が高く、睡眠中や夢の間に独創的なアイディアを発明する人と表現されています。なぜそうなのかは今後解明が待たれるところです。

悪夢と明晰夢は表裏一体

最近日本でも有名になってきた「睡眠時無呼吸症候群」も、呼吸関連睡眠障害にカテゴライズされます。同居する家族が、患者が大きないびきをかきながら寝ている途中に、たびたび呼吸が止まっているのに気づいて発覚することがほとんどです。睡眠中に気道が塞がり呼吸が止まると一瞬目が覚めますが、本人は気づいていないことが多いです。顎や首の周りにたっぷりお肉がついている、顎が小さい人などはなりやすい傾向があります。一晩に何十回も（多い人では１００回以上）、小刻みに目が覚めている状況になるので、朝起きても疲れがまったくとれていません。そのため、睡眠時無呼吸の患者さんは悪夢をみやすく、その内容は不安や暴力的な夢が多いそうです。たしかに窒息する感覚は怖いですし、命にも関わりますから、そのような身体的状況が夢に反映されているのかもしれませんね。

　そこまでに至らなくとも似たケースでは、水泳部の高校生が「いつもプールで溺れる夢をみて怖い」と言うので、部活動のストレスに由来しているかと思っていたところ、本人いわく部活動は楽しいそうで、さらにお話を聞いてみると慢性的に鼻炎に悩んでいるとのことでした。案外、鼻づまりなど、睡眠中の身体の状態も悪夢に影響しているかもしれませんね。睡眠時無呼吸症候群の治療には、気道を塞がないように空気を送るための器具を装着するＣＰＡＰ療法が使われていて、睡眠中の呼吸を補助すると悪夢も減ることがわかっています。心地よく楽しい明晰夢をみる確率を上げるためには、身体の状態も問題なくリラックスしているような状況が必要になりますね。

初老期にみられる、夢とともに身体が動いてしまうレム睡眠行動障害では攻撃的な夢が多いとお話ししました。先の論文によると、夢に出てきた相手に襲われると思って、蹴ったり殴ったり跳んだりするほか、犬やライオン、蛇、馬、牛など動物の夢をみることが一般的だそうです。これもなぜそうなのかは不明ですが、身体が大きい、あるいは襲われる危険性のある動物をイメージするのでしょうか？　レム睡眠行動障害の患者さんであっても攻撃的でない夢をみる場合もあり、その際は夢をみる人の社会生活に沿った普通の夢（スポーツ、食事、仕事など）が多いそうです。

前述したように、レム睡眠行動障害が前駆症状としてみられる神経疾患には、パーキンソン病とレビー小体認知症があります。パーキンソン病とレビー小体型認知症の患者さんの半数以上にレム睡眠行動障害がみられるそうですが、治療に使用される薬物の副作用で悪夢が増えることもわかっています。

認知症の中でもアルツハイマー型認知症では、レム睡眠行動障害はみられません。全般的に認知症の患者さんは、夢の記憶を思い出すことは少なくなりますが、レビー小体型認知症には悪夢があるので、夢からも認知症の種類を区別できそうです。アルツハイマー型認知症とレビー小体型認知症の進行を抑える治療で使用される記憶改善薬は、レム睡眠が長くなり悪夢も増やしてしまうけれど、一般の健康な人を対象にした実験ではレム睡眠が長くなって夢の中の感覚が鮮明になり、夢が複雑化し明晰夢も増えるようです[43]。

悪夢を引き起こしやすい治療薬が夢の感覚を増幅させ、同時に明晰夢も増やすことからもわかるように、明晰夢と悪夢は、前者は楽しみにされ後者は嫌がられ、一見対照的な夢にみえますが、鮮明性という点では「きょうだい」のような関係かもしれません。また、幼児期から児童期に一過性でみられる睡眠時遊歩症と夜驚症は、ノンレム睡眠でみられる現象でしたが、みる夢は短く、脅威や不運、危険から逃れる夢が多いようです。このように、夢がさまざまな病気の診断材料となる可能性にも着目しています。

第十一夜

悩みは夢でシミュレーションする

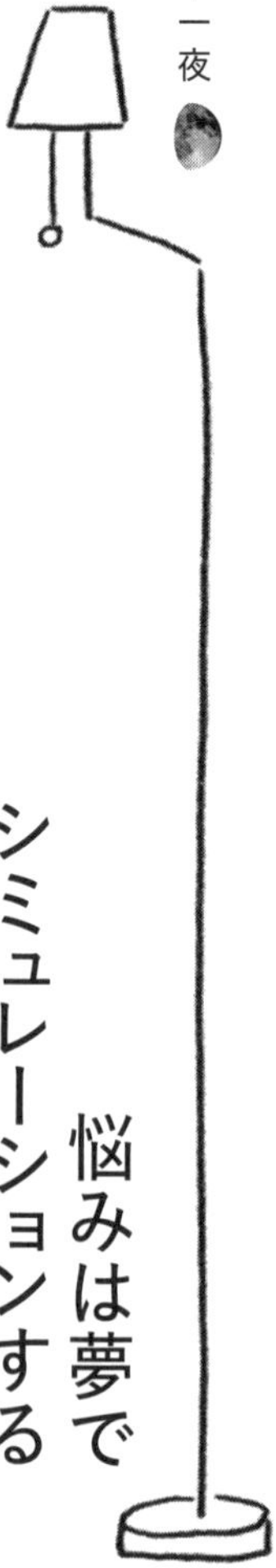

睡眠障害とさまざまな夢の形についてみてきましたが、日ごと変わる夢との付き合い方を理解することは、自分自身との良き対話をすることにつながると私は考えています。それが顕著に表れる悪夢を取り上げ、悪夢との付き合いや活かし方についてお話ししていきましょう。

私たちが夢と呼んでいるものには、実はさまざまな種類があります。悪夢ではない夢には、快の感情を伴う夢、明晰夢のように自由自在に楽しめる夢、ノンレム睡眠時でみられるような思考が中心の淡々とした夢があります。いわゆる寝覚めが悪くて、起きた後に悪夢だと振り返る夢は、実は「不快な夢（dysphoric dream）」「悪い夢（bad dream）」「悪夢（nightmare）」に分かれます。この違いは、その夢の恐怖度によるものですが、その結果として、睡眠からの中途覚醒が引き起こされるかどうかが一番のポイントになります。「不快な夢」は漠然とした不安・焦り・怒りなどを伴う夢、「悪い夢」は不安や恐怖を伴う夢ではあるものの、中途覚醒を引き起こすまではなく、両者とも予定された睡眠時間を確保できます。最も恐怖度の高い悪夢だけ、中途覚醒してがばっと飛び起きるものとなります。

深刻な悪夢は治療の対象に

精神医学の立場から悪夢の研究について世界的にリードしている北米の研究者レヴィンとニールセンは、悪夢をさらに細かく分類しています（図12）。その分類によれば悪夢は、生活上の心理社会的ストレスが原因の「特発性の悪夢（idiopathic nightmare）」と「トラウマ性の悪夢（posttraumatic nightmare）」に大別されます。両者の違いは、トラウマとなるような体験の有無によって区別されます。「特発性の悪夢」は、悪夢の筋書きがその日によって異なり、さらに悪夢がもたらすストレスの度合いによっても「苦痛度の低い夢」と「苦痛度の高い夢」に分類されます。比較的睡眠の後

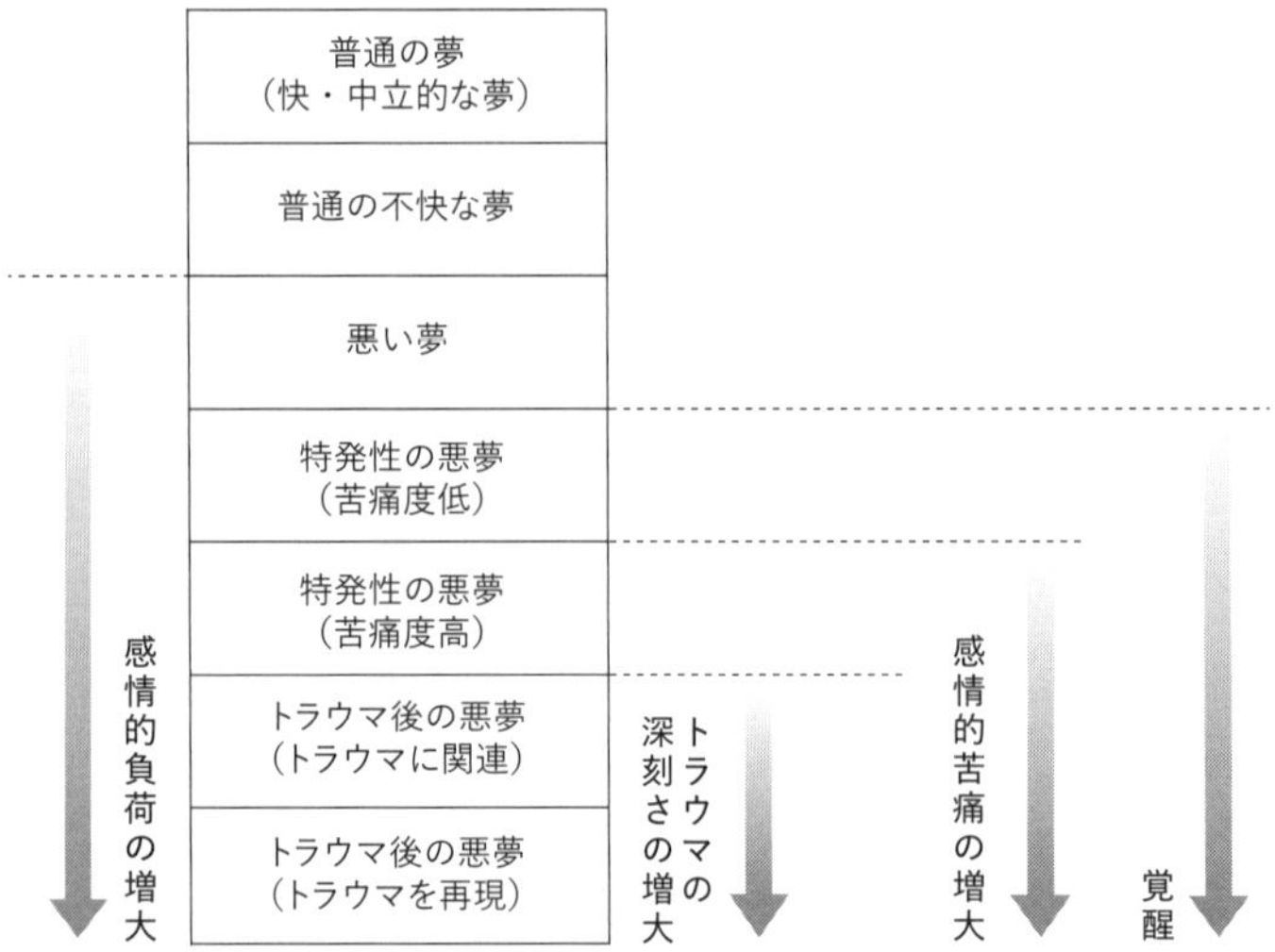

［図 12］レヴィンとニールセンの悪夢の階層表［44］

半で起こり、早朝に覚醒しやすく睡眠不足になります。一方、「トラウマ性の悪夢」はいつも同じような筋書きになります。比較的睡眠の前半で起こるので、特発性の悪夢より不眠は深刻になります。トラウマの深刻度によって、トラウマとなる出来事に関連した悪夢やトラウマとなった場面そのものを再現する悪夢となります。たとえば、事件に巻き込まれた季節、時間帯、場所、登場人物などが近い場面で、誰かに襲われるような悪夢や、トラウマのショッキングなシーンそのものを示す悪夢です。

強烈な悪夢は、心的外傷後ストレス障害（ＰＴＳＤ）の症状としても知られています。トラウマの再現そのものは、目覚めている時に起こると「フラッシュバック」という症状になります。

　レヴィンとニールセンは感情的負荷と感情的苦痛度の視点を通じて、日常生活のストレスにもとづく「特発性の悪夢」から、トラウマにもとづく「ＰＴＳＤ性の悪夢」まで、悪夢の階層性をスペクトラムとして捉えました。さらに特発性の悪夢は感情的苦痛度の強さにより二種類に分かれ、トラウマ後の悪夢はトラウマに関連しているか、トラウマそのものの再現かにより二種類に分類されています。普段私たちは、区別することなく悪夢と言っていますが、実はこんなにバリエーションがあるのです。そのうえ、朝、悪夢をみて不快な気分になっている人の精神的苦痛度にもバリエーションがあります。悪夢はたかが夢だからと軽んじられやすい傾向がありますが、実は治療の対象にもなることもあるのです。

今の悩みごとが悪夢からわかる

ここで、苦痛度が高い特発性の悪夢をみた20代男性の例をご紹介します。

実際の悪夢の内容：強盗に殺される夢。自分の部屋にいると突然戸締りが気になる。様子を見に行くと、窓や扉に鍵がかかっていない。異常なほど恐怖を感じ、慌てて鍵をかけようとすると、窓や扉が突然開かれる。目の前には強盗（知らない男性）が立っており、包丁を振り上げられ、刺された（痛みはない）ところで目が覚める。起床時、強い恐怖や速い脈打ち、大量の発汗があった。

自己分析：親戚の病状悪化、サークル内での人間関係の対立、勉強の進捗への不安といった、自分が抱える不安要素に対する強迫観念が、戸締りの確認強迫になっているのではないか。

イメージリハーサルによる夢の書き換え：戸締りを確認しに行く時に武器を携帯し、強盗らしき存在が現れた瞬間に倒す。

この夢の主要なテーマは「身体的攻撃をされる・殺される」で、先述のドイツのウェブ調査では9位と17位、夢日記ではそれぞれ12位と27位にランクインする一般的な夢です。図9の日本人大学生の悪夢の報告でも「自分の落ち度」「自分の命の危機」が2位と3位にランクインしています。

この夢の例からは飛び起きたあとの頻脈や発汗・恐怖感から、自分の悪夢がもたらす苦痛がかなり深刻であることがわかります。なぜこの夢をみたのか、本人の自己分析によれば、自ら潜在的に抱えていた自分や周囲の人に関する不安が、戸締りの確認強迫につながっているのではないかということでしたが、これらたくさんの案件に自分がきちんと対処できているかと真面目に考える方だと推測できます。この後に実施した夢の結末を書き換える「イメージリハーサル」では、「相手と戦う」ことを選んだようです。

悪夢の治療では、悪夢をみる頻度の確認だけでなく（毎晩のように悪夢にうなされるなんて大変なことですが、さらに一晩に何度も目が覚めるという方もいらっしゃるのです)、同時に、悪夢がもたらす苦痛度が日常生活にどれくらい支障をきたしているかなどについて、細かくヒアリングして確認することが重要といわれています。悪夢をみた後の目覚めの悪さはもちろんのことですが、悪夢をみることが苦痛で寝るのが怖くなる、悪夢の内容が思い浮かんで頭から振り払えなくなる、何か悪いことが起こるのではないかと不安になってしまう人もいるのです。ですから、その人がどの程度悪夢を苦痛に感じているかを把握して、医学的治療や心理学的支援につなげるかを判断することになります。

現実のストレスを悪夢でリハーサル

なぜ悪夢をみるか。その理由は、特発性の悪夢にみられるように、目前に対処すべきストレスがあるからです。夢のシミュレーション機能からも推測できるように、迫りくる締切や試験・コンテスト・試合など、上手くいかせたいと思う時によく悪夢をみます。しかし、そのイベントが過ぎた後はタスクを乗り越えているので、悪夢をみなくなります。あるいは回避した、解決した、対処できたなどの結果が出た後には、そのテーマを夢にみなくなります。結果が満足のゆく「成功」なら尚更です。この点で、やはり夢には生活する上で大事な事柄の再処理や将来のシミュレーションなど、人類の進化にも価値があると考えられます。よって臨床心理学的には、悪夢をみることは現実世界でのストレスを捉え、それらへの対処の可能性を高めることから、人間にとって意味があると考えます。

　さらに悪夢には、恐怖や不安だけではなく罪悪感も関わっていると推定できます。たとえば、仕事中に交通事故の場面を不意に目撃し、被害者を助けられなかった人が悪夢をみたとしたら、自分には何かできたのではないかという責任感と罪悪感が悪夢をみさせていると考えられます。人を助けることが務めである警察官や消防官、自衛官には、「惨事ストレス」（通常のストレス対処法が機能しないような非常事態に直面した時のストレス）の反応の一つとして悪夢があります。先述のコロナウイルス・パンデミック・ドリームとして知られている悪夢も、医療従事者であれば一層起きやすい環境にいることかと思います。

　アメリカの心理学者ディアドラ・バレットによる著書『Pandemic Dreams』（2020）

の中では、罪悪感がもとでみた医療従事者の夢の特徴が報告されていました。コロナウイルスに感染した患者に鎮静剤を与え、患者が死に至るのを待つ夢や、ＩＣＵの中で人工呼吸器の処置を間違えるといった夢が挙げられていて、夢の中で患者に罪悪感を抱いている様子が見てとれます。これらはまさにコロナウイルス・パンデミック・ドリームですが、レヴィンとニールセンの示す「トラウマ後の悪夢」でもあります。前者はトラウマに関連する悪夢、後者はトラウマを再現した悪夢の可能性もあります。死者が多い時期のストレスは計り知れないものだったということが、医療関係者の夢からわかります。しかも、医療従事者をリタイアしている人からも同様の夢の報告があったということです。日本でも、日々奮闘する多数の医療従事者と元従事者が、同様の夢をみているものと考えられます。

予知夢は認知バイアスがもたらす

大昔から「予知夢」は多くの人に信じられてきました。これからの未来で起こる出来事を、予言する夢のことです。しかし予知夢の正体は、実は心理学で説明できるという研究報告があります。そもそも予兆的に捉える夢は、「宝くじに当たった」というような良い夢よりは、「誰かが亡くなった」「事件や災害が起こった」といった悪い夢が多いのではないでしょうか。悪い夢をみること自体はその背景に不安があり、類似の夢をたくさんみても、現実に一致した時だけ「当たった」と強く印象に残り、その他の多くの夢を忘れ去り、無かったものとする認知バイアスが人間には働きます。まさに、「雨女」や「晴れ男」と、自分や誰かを捉える認知バイアスと同様です。

　悪夢を予知と捉える認知バイアスについて、統計学的に、大きな出来事が起こるとそれに関連する夢をみる人がそもそも多くなる「大数の法則」とレム睡眠のメカニズムを知れば、予知夢は存在しないことがはっきりする、とイギリスの認知心理学者リチャード・ワイズマンは指摘しています[45]。その他にも、アメリカの社会心理学者ダニエル・ウェグナーが提唱した、いわゆる「白クマ効果」（何かを考えないように努力するほどかえって頭から離れなくなる現象）についても、睡眠中の夢でも起こると検証されています[46]。

　しかも、悪夢を予知と捉えれば捉えるほど苦痛度は増します。アメリカの臨床心理学者キャサリン・ベリッキが作成した、悪夢の苦痛度を測る項目に「予知」の要素が登場することからも、悪い夢を予知夢と捉えてしまうことで、覚醒時にネガティブな影響があると考えられます。

悪夢の苦痛度尺度（日本語版）の項目例（第二因子）[47]

・あなたの悪夢は未来を予知しますか？
・悪夢の中で起こったことが実際に起こったと感じますか？
・あなたは悪夢をみて目覚めた時にあまりにもリアルだったので、それが「単なる夢」とは思えなかったことがありますか？
・あなたは悪夢に出てきたことで、その人のことを実際に避けたり、嫌いになったり、恐れたりしたことがありますか？

悪夢は頑張って生きようとする証

人間が悪夢をみてしまう仕組みからもわかるように、悪夢は自分からの信号であり世界の見方でもあり、より良く現実世界を生きようとする奮闘を示しており、決して自分が問題を放棄したことの表れではありません。私たちが困難のある世の中で、頑張って生きようとする証ともいえます。嫌な夢をみた時ほど、自分が何に恐れや罪悪感を抱いているか分析し、その困難に対して、生活の中での対処行動を考えてみるといったことが、悪夢を減らすのに有効でしょう。

同じようなストレスフルな出来事を経験しても、悪夢をみやすい人とそうでない人もいます。これはその人にとってのストレスの度合いが、繊細な性格かどうかで異なるからです。つまりその人がその出来事をどう捉えるか、という主観性に関わっています。悪夢をみやすい人は、「神経症傾向」が高く「外向性」の低い人でした。主要な神経症傾向などの性格には、ある程度遺伝子的要因の影響が大きいことが知られています。悪夢に関する行動遺伝学の研究は少ないものの、悪夢をみる要因のうち、遺伝的要因の影響は強く、その他の家庭・生活環境の要因を除くと、幼少期では44〜45%、成人期では40%近くとする研究もあります[48]。悪夢をみやすい人は、家族にも同じような人がいる確率が高そうです。

また一方で、悪夢は幼児期から児童期に多く、老年期になるにつれて少なくなるといった年齢的な要因もあると考えられています。これは日常生活で直面する心理社会的なストレスへの対処スキルが年齢とともに高くなることや、大人になるにつれストレスへの耐性がつくこと、加齢によって夢を思い出す頻度そのものの低下が関わっていると考えられます。まだ幼い子どもにとっては、世界というのは混沌とした、どう対処すれば良いかわからない怖いものなのかもしれませんね。また、生涯を通して、夢想起頻度も悪夢の頻度も、男性より女性の方が多いという性差があることもわかっています。

　それでは悪夢をよくみる場合にはどうすればよいのでしょうか？　アメリカ睡眠医学会は薬理学的な治療と心理学的な治療に分けて、成人に効果のある悪夢治療をガイドラインで提案しています。その一つに「薬物による緩和」があります。薬物の服用は、脳内の化学的情報伝達物質に直接的に作用することで夢見を変えるので、悪夢をみなくなるようにするものもあれば、他の病気の治療で使用している薬の副作用で悪夢が増えるものもあります。ちなみに夢の鮮明性を高め、明晰夢をもたらす作用があるものに、コリン作動薬とドーパミン作動薬があります。

悪夢の台本の書き換え

このほか、薬を使わない対処方法もあります。心理学的な治療では、明晰夢も悪夢の治療方法として挙げられていますが、明晰夢をみられる人が少ないので、治療としてのエビデンスの検討がさらに必要といわれています。明晰夢をみることで夢の筋書きを変えられるのならば、目覚めの悪さを抑えられることも、寝ることが怖くなくなることも想像できますよね。

明晰夢よりも効果的な方法として挙げられているのは、「イメージ・リハーサル・セラピー」です。１９９０年代にアメリカの睡眠医学者バリー・クラコウが開発した方法です[49]。目が覚めた後、悪夢の恐怖イメージをあえて思い出し、イメージの中で夢の筋書き、結末を変えてしまう治療法です。先述の特発性の悪夢をみた大学生は家に侵入してきた暴漢と戦うことをイメージしていましたね。みた悪夢の内容をすべてカウンセラーに伝え、今度は実際に自分のイメージの中でシナリオを書き換え、眠る前にそのシナリオを繰り返しリハーサルするのです。トラウマとなるような体験は無かったことにはできないけれど、その記憶をイメージ上で変えて保存し直すことを想像していただくと良いでしょうか。明晰夢は、悪夢と対峙する夢の中で直接書き換えを進めていきますが、こちらは目を覚ました後に再現し、現実世界で悪夢のイメージを作り変えていきます。イメージ・リハーサル・セラピーでよく出てくる筋書きは、自分でその困難を乗り越えるものや、誰かが助けてくれるというものです。こちらを子どもの悪夢に適用する精神科の医師もいます[50]。

悪夢の怖さに慣れていくものに、伝統的な行動療法の一つである「暴露法《エクスポージャー》」もあります。エクスポージャーとは、恐怖を感じるものにあえて向き合うことで慣れていく方法なので、勇気は要りますが、不安を低減させるのに役立ちます。これらは専門家とともに行なうのが原則です。そこまで恐怖度の高くない悪い夢や不快な夢の場合は、夢を思い出しながら人に話すことで、安心するのでお勧めです。また、悪夢や不快な夢をみた朝には、明晰夢までみられなくても、布団でまどろみながら、その夢の筋書きをどうしたらポジティブなものに変換できるか、思い描いてみるのも良いでしょう。

❸ 明晰夢をみるために

第十二夜

眠りの旅へ

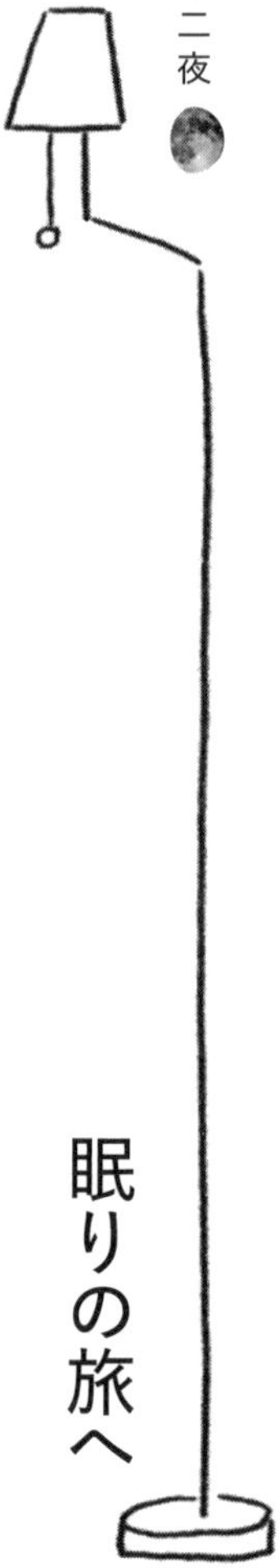

明晰夢をみるという目的に向かって、まずはその前提となる睡眠と夢の関係を理解しました。次に、普段から五感を研ぎ澄まし、寝る前にはみたい夢をイメージすることの重要性をお話ししてきました。そして、明晰夢をみやすい人のパーソナリティや夢の中に登場しやすいテーマについても、これまでみてきました。いよいよここからは、明晰夢をみる実践編に入ります。

現実以上にリアルな明晰夢

夢とは、睡眠中の脳内の情報処理のプロセスを、目覚めた時に記憶として思い出したものでした。睡眠中の情報処理は日中の情報処理と連続しているので、私たちが普段からよく抱く感覚や感情、日頃行なっている思考が夢の特徴として表れやすいということです。夢を楽しむためには、まずは質の良い睡眠をとる、そのためには質の良い睡眠をもたらすような日中の生活を送ることが必要です。

明晰夢をみる頻度について調査した34の研究結果を整理した報告では、一生に一回みられる人が55%、月一回以上みられる人はわずか23%で、週数回みられる頻回明晰夢者は3%未満しかいないというデータもあるように、決して一般的ではない稀少な現象です[51]。まったくみずに人生を終える人もいますが、古今東西、一部の人々はそれをみようと努力してきました。なぜでしょうか？　それは、明晰夢が夢とは思えないくらい感動的な体験だからです。現実ではなかなか体験できないことが、睡眠中に楽しめるなんて、お得な感じがしますよね。

また、前にお話ししたように、明晰夢は夢の中盤や終盤を変えたり、最初から夢をやり直したりできるので、悪夢の克服に役立ちます。すなわち、目覚めの気分を良くし、悪夢による中途覚醒を防ぐことで、睡眠を守ることにもなります。そもそも夢をみているレム睡眠中は、記憶の整理や固定化が行なわれているので、知識の再整理と獲得の促進や、学習した動作スキルの改善にもなります。また、思いもよらない創造的な問題の解決法を見出したり、イメージ上で素晴らしい身体能力を発揮できたりすることからも、明晰夢をみたい人が多いのです。

「明晰夢」という現象の存在を生理学的に確認したのは、アメリカの精神生理・心理学者スティーヴン・ラバージ博士でした。明晰夢をみている最中の被験者にサインを送ってもらうことで実証したのです[52]。このような実験は、日本でも心理学者の渡辺恒夫が行なっています。その後、ラバージ博士は学習によって、明晰夢がみられる可能性を高める方法を１９８０年代以降いくつか提案しています。これらの実践は継続して行なう必要があり、中断すると明晰夢の頻度も低下するようです。

普段の生活の中で心がけること

明晰夢をよくみる人の性格の特徴は「開放性」の高さでした。繰り返しになりますが具体的に「開放性」とは、知的な好奇心を持って、新しいことに挑戦することが好きで、美意識が高く想像力が豊かで、アイディアに溢れた独創的な性格の傾向です。しかし、パーソナリティは時間をかけて熟成されたその人の個性であるので、急には変えることはできません。そのため、少しでも「開放性」を高めるために、普段の生活の中で五感を研ぎ澄まし、視覚、聴覚、触覚、嗅覚、味覚、運動感覚、内臓感覚など、自分が夢で再現しやすい感覚をイメージの中でリハーサルすることが大事です。または、日常的に空想を楽しむことを心がけると良いでしょう。これらはみたい夢の内容の意識化にも貢献すると思います。

睡眠スケジュールを整える

明晰夢につながる良い眠りを実践するにあたって、まずは自分の睡眠環境を整え、良い夢をみる確率を高めましょう。「健康づくりのための睡眠の指針」は厚生労働省からも出ています[53]。良質な睡眠は、日中の適度な運動や活動に支えられています。身体的にも精神的にも疲れすぎている時は、明晰夢にトライするのには不適かもしれません。また昼寝が必要な場合も短時間にとどめ、睡眠リズムが乱れやすい人は、起きる時間を一定にし、寝る時間で調整するのが良いようです。

健康づくりのための睡眠の指針以外にも、不眠気味など、睡眠の不調に悩んでいる方は、厚生労働省による「睡眠障害対処　12の指針」を参考にすると良いでしょう（図13）。

1の適正な睡眠時間の長さは遺伝的な特徴もありますし、日中の活動量にもよりますから個人差が大きいです。2は寝る前の行動のルーティンにつながります。睡眠時の服を決めておく、お気に入りのタオルや照明、アロマ、音楽を用意する、ストレッチなども良いでしょう。寝る前にホットミルクを飲むことも、カルシウムを摂れて良いそうです。3は「睡眠制限法」ともいいます。眠れない時は横になるだけでも疲れが取れるとよくいわれますが、なかなか眠れない人にはかえって逆効果になっていることもあります。眠くなってから床につき、床にいる時間帯にしっかり眠れるようにして、少しずつその時間を延ばしていきましょう。4は早寝早起きというよりは、「起床時間」をなるべく一定にするのが良いでしょう。7の昼寝は、15～20分と短時間が良いようです。

寝室は、睡眠を重視した間接照明などが用意された寛げる空間で、ある程度外部からの光や音を遮ることができた方が良いです。寝室の照明は、ブルーライトなどの白っぽい光より、オレンジ色の光が望ましく、パジャマは身体を締め付けず、体熱を

1. **睡眠時間は人それぞれ、日中の眠気で困らなければ十分**
   - 睡眠の長い人・短い人、季節でも変化、8 時間にこだわらない
   - 歳をとると必要な睡眠時間は短くなる

2. **刺激物を避け、眠る前には自分なりのリラックス法**
   - 就床前 4 時間のカフェイン摂取、就床前 1 時間の喫煙は避ける
   - 軽い読書、音楽、ぬるめの入浴、香り、筋弛緩トレーニング

3. **眠たくなってから床に就く、就床時刻にこだわりすぎない**
   - 眠ろうとする意気込みが頭をさえさせ寝つきを悪くする

4. **同じ時刻に毎日起床**
   - 早寝早起きでなく、早起きが早寝に通じる
   - 日曜に遅くまで床で過ごすと、月曜の朝がつらくなる

5. **光の利用でよい睡眠**
   - 目が覚めたら日光を取り入れ、体内時計をスイッチオン
   - 夜は明るすぎない照明を

6. **規則正しい 3 度の食事、規則的な運動習慣**
   - 朝食は心と体の目覚めに重要、夜食はごく軽く
   - 運動習慣は熟睡を促進

7. **昼寝をするなら、15 時前の 20 ～ 30 分**
   - 長い昼寝はかえってぼんやりのもと
   - 夕方以降の昼寝は夜の睡眠に悪影響

8. **眠りが浅いときは、むしろ積極的に遅寝・早起きに**
   - 寝床で長く過ごしすぎると熟睡感が減る

9. **睡眠中の激しいイビキ・呼吸停止や足のぴくつき・むずむず感は要注意**
   - 背景に睡眠の病気、専門治療が必要

10. **十分眠っても日中の眠気が強い時は専門医に**
    - 長時間眠っても日中の眠気で仕事、学業に支障がある場合は専門医に相談
    - 車の運転に注意

11. **睡眠薬代わりの寝酒は不眠のもと**
    - 睡眠薬代わりの寝酒は、深い睡眠を減らし夜中に目覚める原因となる

12. **睡眠薬は医師の指示で正しく使えば安全**
    - 一定時刻に服用し就床
    - アルコールとの併用をしない

［図 13］「睡眠障害対処　12 の指針」[54]

保温し、寝汗の吸湿が十分にできるものが好ましいです。布団は重すぎず、寝床の中がちょうど良い温湿度に保てるものを準備しましょう。布団に入る前にはトイレに行っておきます。膀胱に尿が溜まる感覚によって早朝に覚醒しないようにするためです。

寝る前には、簡単なリラクセーション法が有効です。これは明晰夢に限らず、入眠をスムーズにするためにも有効で、睡眠心理学の分野でも活用されています。リラクセーションの方法は、呼吸法と筋弛緩法を組み合わせたもので、力を入れて筋肉を緊張させ、自分が安心できるリラックスした状態で自然な鼻呼吸をしながら、脱力させる動作とともにその脱力感をじんわり味わいます。ヨガや太極拳などに親しんでいる方は、自分がリラックスしやすい方法で良いと思います。寝る前には、好きな音楽やゲームを楽しみ（興奮しすぎないものが良いと思います）、アロマなど好きな香りを焚くのも効果的です。つまり、寝る前に心地良い睡眠のためのルーティンを自分なりに作ることが大切です。

明晰夢にトライするのは、スケジュールがあまりタイトではなく、比較的たっぷり眠れて、途中でまどろみ、再入眠できる日にした方が良いでしょう。スケジュールが詰まっていて段取りが気になる、何か心配事や急ぎで対応しなければならない案件がある場合には、その心配事が夢に出現しやすくなりますので、初心者は一度それらを棚上げしておくことをお勧めします。明晰夢を自在にみられるようなベテランになれば、途中から筋書きを好転させることもできますので、あまり気にしなくても良いかもしれません。

入眠前に行なうこと

リラクセーション法と同様に、近年ビジネスパーソンに人気のストレスコントロール法、マインドフルネス瞑想も入眠前に実施すると良いと思います。頭の中をよぎるさまざまな思考やイメージをそれとなく意識して受け流し、自分の呼吸に注意を戻しながら、瞑想によって脳内を占拠しやすい思考やイメージと距離をとります。そして、みたい夢の意識化を図っていきます。みた夢を書き留める夢日記帳に、今晩みたい夢に関するキーワードを上げ、ストーリーの詳細を書いていきます。脳内に浮かんだキーワードとイメージに関連する記憶が実際に夢に出てくる確率を高めるので、イラストを描ければなお良いです。入眠前にイメージに関連する刺激に触れるのも有効です。写真・画像をゆったり眺める、楽しかった記憶を思い出すというのも良いでしょう。自分の頭の中の記憶情報へのアクセシビリティを高めます。そして、「今日は絶対に明晰夢をみる」「この（みたい）夢を今晩みるのだ」「だから自分は夢をみていることがわかる」といった自己教示もしっかり行ないましょう。

夢の記憶をしっかり覚えておく起き方

夢の記憶は繊細で、はっきり固定できないことが多いので、夢をみた後の目覚め方も重要です。目覚まし時計はあまり大きい音にすると、それまでみていた夢の記憶を掻き消してしまいます。小さい音にするか、バイブ機能やスヌーズ機能を使ってまどろみ、再入眠・再覚醒できるようにしてみましょう。また、さわやかに目覚めるためには、音ではなく光の目覚まし時計が良いと思います。起きたい時間までに徐々に明るくなるよう設定するのもいいかもしれません。

その日の疲労状況によっては、ノンレム睡眠とレム睡眠のサイクルは崩れることがありますが、平均約90分周期のサイクルを目安として、入眠からレム睡眠になりそうな時間帯に目覚ましを設定する工夫もできそうです。繰り返しになりますが、サイクルを繰り返した睡眠時間の後半になるほど、レム睡眠の占める割合が上がって持続時間が長くなるので、たっぷり眠ることは明晰夢のチャンスを高めます。再入眠する時には、直前までみていた夢を思い出し、その夢の続きをみられるように意識して眠ります。

　特殊な夢である明晰夢もレム睡眠中に覚醒しないと、明晰夢をみていたのにみていたことに気づかず起きてしまいますし、そのまま寝入ると次の普通の夢に干渉されてしまい、もはや鮮明に思い出して味わうことができないかもしれません。それではもったいないので、明晰夢を味わうためにも、普段の生活の送り方と、寝る前にできる準備、目覚める時の条件について心がけてみてください。

第十三夜

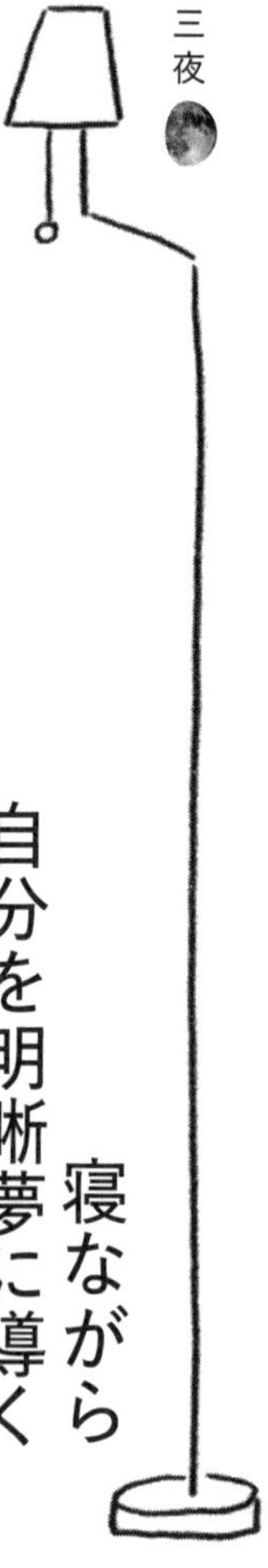

寝ながら自分を明晰夢に導く

　さあ、明晰夢をみるための寝室の状況は整いましたか？　目覚まし時計の設定は大丈夫でしょうか？　夢を楽しむ時間の余裕がある時には、大きい音刺激（テレビやラジオの音なども）で目が覚めないようにしたいですね。まだ明晰夢をみられないという方も、睡眠そのものが整っていくことは健康にとって良いことですから、焦らずに取り組んでいきましょう。第十二夜でお話しした入眠前の工夫を組み合わせた後は、ラバージ博士が提案した方法を中心に、寝ている最中、そして、中途覚醒した時に行なうこととそれらの注意事項についてお話ししたいと思います。睡眠障害のある方は、主治医の先生に確認してからトライしてみてください。

夢か現実かを夢の中でチェックする

「ＭＩＬＤ法」（Mnemonic Induction of Lucid Dreams：記憶誘導明晰夢）は、スティーヴン・ラバージ博士が１９８０年に提唱した、記憶誘導によって明晰夢をみる方法です。夢を覚えておくための工夫をした後に、「リアリティチェック（現実確認）」という、夢を自覚するサイン（徴候）を見つけ、それが夢だと気づくテクニックを中心に試していきます。

リアリティチェックとは、一日を通して数回、「これは夢か？　現実か？」と自分に問いかけ、シンプルな動作を使って、自分がいる環境を確認することです。有名な例で言うと、映画『インセプション』に登場していた主人公がコマを回す動作もリアリティチェックで、「現実」であればコマのスピードが落ちて回転が止まりますが、「夢」であればそのまま回り続ける、というものでした。たとえば、時計の文字盤を見るといったことでも良いと思います。ゆっくり針が進むなら「現実」で、全く動かない、異常な速さで進む、反対に回るなら「夢」と決めておきます。そのほか、手のひらをもう片方の手の指で押し、圧や痛みを感じる場合には「現実」、まったく痛みを感じない、あるいは手のひらを指が貫通するなら「夢」とするサインも多く使われています。

いずれの場合にも現実にはあり得ない後者を「ドリームサイン」と呼んで、これを夢で確認できた場合には、夢が自覚できたことを表し、続けて明晰夢がみられるということです。夢の中で文字や数字、色や形に着目するのも良いでしょう。二度見した時に、それらが変わっていれば「夢」ということです。これは、現実には起こりえないことが起こっているということで、つまり夢のサインですから。一日のうち定時にタイマーが鳴るようにし、その都度リアリティチェックを行なうという経験サンプリング法を用いた練習を普段からすると、夢の中で夢を自覚できる確率が高まります。繰り返し自分が今いる場所が「現実」か「夢」か確認することを習慣化しておけば、明晰夢をみる確率をさらに上げることができるのです。

次に、布団に入って眠る直前に、１４８ページに示したような、明晰夢をみることを肯定する自己教示を忘れずにしておきましょう。そして、眠りの入り口であるノンレム睡眠のステージ1に入るまでに、最近みた楽しい夢とその結末をイメージします。

これはイメージ・リハーサル・セラピーのエッセンスを活用したものと考えることができます。この一連のステップを経て明晰夢をみようとするＭＩＬＤ法は、睡眠の前半より後半の朝方にトライする方が、効果があると睡眠実験で確認されています[55]。

現実との違いに気づく

リアリティチェックのような日常的な訓練は明晰夢をみる確率を高めますが、夢の中で意識的に現実との違いに気づこうとすることも、夢をみている自覚を高めます。第二夜では、私が「髪の色の違い」に気づいた例をお話ししました。実際には登場人物の髪はビビッドなオレンジ色だったのに、夢の中ではつやつやの黒髪で学年も違ったということに気づいたのです。

４００億円以上の興行収入を上げ、一大ブームとなった映画『鬼滅の刃　無限列車編』は、主要キャラクターが鬼によって睡眠と夢を操られるという設定であったため、先日あるウェブ媒体から私に、各キャラクターの睡眠と夢の解析を行なってほしいという依頼が来ました。映画の中では、主人公の少年・炭治郎が水を汲みに行った際、川面に映った自分を見て、額のアザが逆の位置にあって、手に持っている桶が映っていないことから、「これは夢だ」と気づきます。劇中彼は鬼に夢をコントロールされ、自分が一番大切に想っていた家族との楽しい再会場面を夢にみさせられ、現実だと錯覚しそうになるのですが、家族のほとんどが鬼に惨殺された残酷な現実をそこで思い出すことで、これは夢だと再認識します。主人公は、幸せな明晰夢をみ続けるのをやめて、夢から覚めて鬼と戦おうとします。彼は、「夢の中の自分の死」が「現実の目覚め」につながると考え、夢から起きる時に「自分の首を切る（＝夢だから死なない）」という強いイメージを引き起こし、自ら覚醒させていました。

典型的な夢を利用する

「空を飛ぶ」「泳ぐ」「間に合わない」などは夢に典型的に頻出するテーマでした。自分の夢の中でよく出現するシチュエーション（たとえば、空中、水中、学校生活、運転中など）に、着目することも明晰夢に有効であると考えます。明晰夢を頻繁にみることができる方は、自分の夢に頻繁に登場する環境や人物・動物に着目して、ストーリーのタイプをいくつかに分類できていました。たとえば、水槽と熱帯魚、校舎と大学生などです。すると、「そうか、今日はこのパターンの夢か。これって決まってこういうストーリーになることが多いんだよな。結末はどうしようかな」などと明晰夢者は考えているそうです。そこで夢と気づき、空中での飛び方を変える、水中にもっと深く潜ってみる、校舎を移動してみるなど、夢の中の自分の行動をいつもとは少し変えることができれば、結末をコントロールできる可能性も高まります。

二度寝で夢の調整をする

「ＷＢＴＢ法」（Wake Back to Bed：再入眠）という、二度寝をして夢の続きをみる明晰夢の練習もあります。覚醒によって一旦脳の働きを良くして、先ほどみた夢をもう一度味わい（夢の再体験）、そして夢の続きを再びみるためにイメージしながら再入眠していきます。その際、推奨されている覚醒時間は20分から１２０分までと幅があるのですが、平均的に60分ほどが適正であると指摘する研究結果もあります。ＷＢＴＢ法はＭＩＬＤ法とも共通した要素があり、睡眠リズムが乱れない方であれば、時間に余裕がある時に試してみると良いと思います。昼寝の場合では、目覚ましをセットしてＭＩＬＤ法を試すのも良いかと思います。ただし、一旦起きた後に再入眠しにくい人にはお勧めできません。明晰夢にトライすることも貴重ですが、睡眠でしっかり休息をとることが一番重要です。

ラバージ博士の提案する方法を参考に夢見を行なった、二人の明晰夢者の「空飛ぶ夢」におけるリアリティチェックをご紹介しましょう。

20代男性の例

久しぶりに空を飛ぶ夢。場所はいつもと同じ田園と畦道《あぜみち》の広がる田舎。立っている場所は舗装されていない砂利道。いつものように走ってジャンプし、上昇気流に乗って空を飛ぶ。飛ぶというよりは大きなジャンプに近い。飛んでいる時はとても楽しく、下りる時はジェットコースターに乗っている時のように身体に電流が走るような感覚（一度下りる時に目が覚める）。

まだ実際に身体がびりびりしていて、寝ぼけながらも「現実でも身体が反応す

るんだ」と感心し、また眠りへ。滑空のように飛ぶのはまだ苦手で、練習するも上手く飛べない。高い所から飛んだ方が上手にできると思い、鉄塔へ瞬間移動してみる。夢の中なので高所恐怖症はなく、飛んでみるがすぐに墜落。「夢の中だと痛くないな」と感じる。[56]

20代女性の例

理由はよくわからないけど、命を狙われる夢。最後家の中で（相手に）見つかって私は二階から飛び下りて逃げる。道中、誰かから「お前が生きていると誰かが死ぬ。早く死んだ方がいい」と言われる。私も早く死んで夢から覚めたいが、痛いのが怖くて無理だと思った。

一人目は、二度寝することでＷＢＴＢ法を実践しています。夢だから高い所も怖くないし、痛くないと何度も飛ぶことを試みています。二人目は、夢の中でも痛みを予期して、怖くて飛べていません。いっそ、夢の中で死んで目が覚めたいと、とても高度な思考活動が展開されています。飛ぶ夢ではありますが、追い詰められて飛び降りる怖い夢で、それが明晰夢であることで、悪夢の苦痛度が和らいでいる印象を受けます。

意識を保ったまま夢に入る

「ＷＩＬＤ法」（Wake-Induced Lucid Dreams：覚醒誘導明晰夢）は、これまで紹介したＭＩＬＤ法、ＷＢＴＢ法よりもちょっと上級者向けで、成功率が低く難しい方法です。この方法はマインドフルネス瞑想に似ていて、寝る前に頭に浮かび上がるイメージや思考を客観的に眺めながら、それに巻き込まれないようにして、平穏な心を保っていきます。瞑想に親しんでいる人であれば、照明を落とした寝室で実施し、眠りに落ちた瞬間に意識を失わずに夢に入ることもあります。チベットの夢ヨガ（「これから夢をみます。そして夢をみています」と意識を保ちながら入眠し、夢の中で行なうヨガ）の伝統にもとづいているといわれ、「Dream Reentry（夢再入法）」とも呼ばれているやり方です。夢をみていることを明瞭に意識して、夢を能動的に楽しむわけです。チベット仏教の教えでは、夢も現実も同じようにコントロールできるようです。しかし、この

ＷＩＬＤ法の効果の検証は、実はまだほとんど行なわれていません。

瞑想の難しさのほかに、ＷＩＬＤ法で明晰夢をみられる確率が低い要因の一つには、ＷＩＬＤ法では起きている状態から直接明晰夢に入るので、寝入りばなにいきなりレム睡眠が来ると、睡眠リズムが乱れ、普通の人だと金縛りなどにあうことが挙げられます。金縛りは神秘的現象ではなく、生理学的・心理学的現象です。身体感覚に伴って恐怖を感じることが多いのですが、有害な現象ではありません。もし金縛りが起こった時には、焦らずに指先を少し動かそうとする、唾液を飲み込む、声を出そうとする、あるいは、いっそ落ち着けてそのまま寝入ってしまうといった対応をしてみましょう。

最後に、実際に明晰夢にトライした方々の夢を紹介しましょう。

入眠前イメージ法を試した大学生の夢

方法：寝る前に、みたい夢をひたすらイメージする、という古典的な方法を取った。嵐の夢をみるため、ベッドの中で彼らの曲を流しながら眠りについた。

結果：実験に成功した。

夢の中の『しゃべくり007』に櫻井翔くんが出ている。櫻井くんが番組の出演者に「嵐五人の名前、言えますか!?」と聞いている。「国民的アイドルだぞ、そりゃあ言えるだろう」と私は思った。案の定、番組では五人の名前がすらすらと挙がる。「うん、確かに五人だ」と思ったが、そこに高校の同級生の名が一人混ざっている。夢の中の私は「え？　なんで？　これは夢だ!!　明断夢だ!!」と思った。ただ、卒業式以来連絡をしていない同級生が出てきたのは本当に謎だ。

ＭＩＬＤ法を試した大学生の夢

方法：ＭＩＬＤ法に挑戦した。入眠後、五時間経ったら一度起きる。そして、「次の夢をみた時、私は夢の中にいると自覚する！」と、何度も心の中で唱えながら眠りにつく。

結果：初めの四回は失敗が続いた。暗示をかけても、夢を自覚できないで終わった。しかし、実験五回目でやっとＭＩＬＤ法に成功した。

夢の中で、私は塾の校長だった。講師の一人と、電話で話している。今思えばなぜか黒電話で通話していたが、夢なので違和感は無い。通話を終え受話器を置くと、ふと気づく。「あれ、私は塾の校長じゃないはず。」と、当たり前の事実に気づいた瞬間、これが夢だと自覚する。すると、目の前の黒電話が高音で鳴る。おそるおそる電話に出て、「もしもし？」と尋ねる。そこで目が覚めた。

入眠前イメージ法を試した方は、嵐の曲を聴くという聴覚刺激を作ったようですね。みたい夢だけでなく明晰夢を体験できて良かったです。以前「嵐のワクワク学校」というイベントの「スヤスヤ（睡眠）の授業」に出演した際、後で参加者にその晩の夢を報告してもらったのですが、当日のイベント内容が多く夢に取り込まれていて驚きました。きっと嵐ファンの熱意がそうさせたのでしょう。この方の熱意も届いたようでよかったです。

ＭＩＬＤ法を試した方は、五回目のトライにしてようやく成功して良かったです。粘り強さは大事ですね。「自分が塾長なのはおかしい」というところから、夢をみていることに気づいたようです。ご本人の過去の習い事や現在のアルバイト経験が関連し、塾が登場したのかなと思いました。このように、メソッドを使用して明晰夢を体験できたエピソードもあることから、みなさんも時間のゆとりのある時に試してみましょう。

第十四夜

明晰夢を思い出し、明晰夢を繰り返す

明晰夢をみることと同じくらい大切なのは、せっかくみた明晰夢をきちんと思い出すことです。レム睡眠中に刺激を与えて明晰夢を引き起こす方法とその注意点、さらには明晰夢（あるいは夢）をみたあとの工夫についてお話ししていきましょう。まずは、明晰夢にトライするみなさんへのエールとして、明晰夢を引き起こそうと果敢に実験を行ない、今もなお追求し続ける研究者の情熱と探求心をご紹介したいと思います。

外的な刺激で引き起こす

明晰夢の多くはレム睡眠中に起こります。そこで、レム睡眠中に外的な刺激を与えた場合、それが明晰夢を引き起こす手掛かりとして機能するかどうか、現在に至るまで実験が行なわれてきました。これらの実験を我々が試すとなると、家庭でも用意できる仕掛けやデバイスが必要になってきます。与えられた刺激が明晰夢を誘発するかどうかを調べるのですが、与える刺激が弱すぎても夢に反映されないし、刺激が強すぎると目が覚めてしまうので、なかなか調整が難しいようです。以下、明晰夢を引き起こす「トリガー」にはどういったものがあるのか、感覚別に見ていきましょう。

まずは、オーソドックスな視覚刺激です。１９８０〜１９９０年代にかけて、ラバージ博士と共同研究者たちは、レム睡眠中の被験者に赤い光のフラッシュの刺激を与えるという実験をしていました。私も昔見たことがあるのですが、寝ている被験者に、赤い光を発する風船のようなものが付いたアイマスクを付けてもらい、レム睡眠の特徴である急速眼球運動を検出していました。しかし、赤い光を発するアイマスクの使用は、ＭＩＬＤ法と比較してもそれほどの効果がなく、ＭＩＬＤ法との併用が推奨されています。

寝ている最中、起こさない程度に「夢をみている」と気づかせるために、外部から刺激を与える安価な装置はたくさん販売されています。たとえば睡眠後半の、長いレム睡眠が来るであろう入眠から６〜８時間後に合わせて、表面に付けられたＬＥＤライトが一回15秒から20秒明滅し、その15分後にまた同じパターンで点滅する「remee（レミー）」というアイマスクがあります。夢の中の景色の向こうで、ＬＥＤライトの６つの赤い点が特定のパターンで瞬いていることを感知させることによって、「いま自分は夢をみている」と気づかせようとするものです。

次は、聴覚刺激です。レム睡眠の検出をしながら、視覚と同時に聴覚に刺激を与える装置があります。刺激となる音は、音楽や「これは夢だ」という声などです。一定の音量で流すよりも、徐々に音量を上げていく方が効果的だと指摘する研究もありますが、その効果ははっきりしていません。

三つ目は、触覚刺激です。１９７０年代の明晰夢研究の先駆者たちが、睡眠実験室の中で、微弱な電気刺激を手首に与える方法を用いていたそうです。電気刺激で触覚に刺激を与えると、12名のうち６名が明晰夢をみることができ、２名は明晰夢をみたけれど刺激で起きてしまい、４名は明晰夢をみられなかったという結果でした[57]。成功率75%とはなかなか良い成績ですね。その後、手首や足首に振動を与える方法も試されましたが、電気刺激ほどの強い効果は得られなかったようです。電気刺激のほかは、寝ている人の顔や手に水しぶきをかける方法や、（私も大学院生時代に恩師の臨床心理学者・春日喬先生から聞いたことがあるのですが）日本の研究者が実験で行なっていた、寝ている被験者の頬に米粒を一つずつ落としていく皮膚刺激を用いた方法もあったそうです。

四つ目は、嗅覚です。においによる刺激にはよくアロマが使用されています。しかし、ローズやラベンダーを使って実験したところ、明晰夢には何ら直接的な影響を及ぼさなかったようです。ラベンダーには殺菌・消炎効果があるので、脳波計の電極を固定するペーストにも使用されていたことを懐かしく思い出しました。入眠前の睡眠環境を整えるためにも、自分なりの心地良いルーティンの一つとしてアロマを紹介しましたが、たとえば、杉やヒノキなどの樹木に含まれるセドロールという成分のオイルは、入眠促進効果があることを示す実験があります。アロマによっては覚醒作用もあるので注意が必要ですが、基本的には、自分の好みの香りを選び、入眠が条件付けされるようなルーティンを作っていくのが良いと思います。このように、アロマは睡眠を整えることには有効ですが、残念ながら明晰夢への影響は少ないようです。

五つ目は、運動感覚です。１９９０年代に、被験者にハンモックで寝てもらい、レム睡眠の時にその身体を固定することで、前庭感覚（身体の傾きや回転を感じる感覚）に働きかける実験を行なった研究者もいますが、明晰夢をみられるようになったかどうかの結果は、研究間では一致していないようです。明晰夢の研究者はアイディアが独創的で、本当に面白いことを考えるなと思います。覚醒時の思考と夢の内容は連続しているので、明晰夢研究者はきっと面白い夢をみているのでしょうね。

ほかにも、五感からの外的刺激をすべて利用して、自分の大好物であるカレーの夢をみられるか実験した大学生もいます。夢の中でもカレーを食べたいだなんて、本当にカレーを愛しているんですね。その方はまず、みたい夢をみる方法として「おまじない」を試したのですが、失敗が続きました。寝る前に確認した翌日の予定や、身につけていたグッズのキャラクターの夢をみてしまったため、科学的なアプローチを参考に試みたそうです。カレーについて「五感」それぞれに訴えかけながら、以下の眠りにつく実験を五日間行ないました。

一日目（聴覚刺激）：失敗

カレーの咀嚼《そしゃく》音を聞きながら就寝。「今は人参かな」と想像してみるが、正直よくわからない。眠りも浅く、心配事に関するとんでもない悪夢をみてしまった。

二日目（触覚刺激）：失敗
カレースプーンを握りしめて就寝。近年稀にみる快眠を遂げ、すっきりした目覚めとともに夢の記憶も失った。
三日目（視覚刺激）：成功
当日の夕方から、カレーライスをスマートフォンの待ち受け画面にして就寝。カレーに関連するアイテムを長く身につけて誘引する試みは成功し、カレーの夢をみることができた。好きなものを装備することで、良い夢をみられる可能性も上がりそうだ。
四日目（味覚刺激）：失敗
カレー粉を口に含んで就寝。塩辛い。好きなものを装備するといっても、距離感は大切だ。苦労とは裏腹に快眠できたが、夢は覚えていなかった。
五日目（嗅覚刺激）：失敗
マスクの内側にカレー粉を塗りつけて就寝。大人になってもこんなことをしているなんて……親に申し訳なくなる。あくまで「実験」なんだ、と自分に言い聞かせながら眠る。結果、いつもよりリラックスできて快眠。夢はみなかった。

一日目は心配事の方が出てきて悪夢になったようですが、五日間の結論として見れば、味覚・嗅覚刺激を与えるマイナーなやり方よりも、オーソドックスな視覚刺激に頼ってカレーの夢をみることができたようです。カレー粉を口に含んだり、マスクにカレーを塗ったりする斬新な方法では、夢はみられなかったようですが、まずは快眠できて安堵しました。この方の飽くなき追求心に感服します。

脳を直接刺激する装置を使う

最後の刺激は、脳に直接与える方法です。２０１０年代から始まった「経頭蓋磁気刺激法」という、明晰夢中に活性化する大脳の背外側前頭前野という部位に、脳の外側から特殊なコイルを用いて、局所的に刺激を与える方法です。脳波の周波数が低いガンマ帯域（25〜40Hz）の時に、明晰夢が最も発生するという実験もあり、この方法は、日常的に明晰夢をみられる人が安定してみるために特に有効のようです。

実際この方法をもとに、明晰夢をみる装置の開発も進んでいます。明晰夢をよくみる人の前頭葉の脳波には30〜40Hzのガンマ波が見られます。そこでフランクフルト大学では、被験者のレム睡眠開始2〜3分後に、前頭葉に5Hzと40Hzのガンマ波を当てる実験を行なったところ、それぞれ58％／77％と、実に半数以上の被験者が明晰夢をみるという結果になりました[58]。これを応用して、レム睡眠時に額に付けたヘアバンドに40Hzの電気刺激を与える「ルシッド・キャッチャー」という商品がウクライナのベンチャー企業から発売されています。

ただし、こういった市販のデバイスは、長期的な使用の副作用が未知数なので、慎重に使用すべきと専門家は述べています。経頭蓋磁気刺激法は精神疾患の治療にも用いられていますので、やはり使用には専門的な知識が必要だと思います。明晰夢がみたいがために、日中の精神活動や睡眠を阻害することがあっては、本末転倒になってしまいますものね。

サプリメントを利用する

アルツハイマー型認知症・レビー小体型認知症の進行を抑える治療で使用されるド

ネペジルという記憶改善薬があります。レム睡眠が長くなり悪夢を増やしてしまうといった副作用の報告もありますが、一般の健康な人を対象にした実験ではむしろ、レム睡眠が長くなることで睡眠中の感覚が鮮明になり、夢が複雑化し明晰夢も増えました。第十夜でお話ししたことですね。２０００年代にラバージ博士のグループが行なった実験では、ドネペジルを投与された被験者10名のうち9名が、一晩のうちに一つ以上の明晰夢をみて、プラセボ（偽薬）を投与された対象群では、1名しか明晰夢をみられなかったようです[59]。

この実験ではドネペジルは極めて高い明晰夢の成功率を示していますが、これは医師による処方と管理のもと、厳しい倫理審査を経て許可された研究ですので、残念ながら我々がこの方法をすぐに試すことはできません。その他にも、ビタミン剤等のサプリメントを用いて明晰夢がみられるか試した実験もあるようですが、サプリメントの使用は持病との兼ね合い、常用薬や他のサプリメントとの飲み合わせや長期服用の影響が心配ですので、やはりこの方法も家庭ではあまりお勧めできません。私たちが心や身体の不調に対応するために、あるいは健康を高めるために服用する処方薬やサプリメントが、睡眠や夢に影響していないか点検してみましょう。薬による夢のコントロールへの道のりはまだ遠そうです。

夢を記録する

外部からの刺激によって夢を引き起こす以外にも、普段から夢を記録しておくことも明晰夢には有効です。自分に合った方法を試し、夢を思い出した後にはすぐに記録をつけられるように日記帳と鉛筆や、録音できる機器を枕元に置いておくことをお勧めします。起きたら、静かに目を閉じたまま一度記憶を頭の中で反芻してから、夢を書き留めるとなお良いかもしれません。夢の内容は、まさにいま見ているかのように現在形で記録すると良いでしょう。起きてすぐに書き留めたメモには、書き間違いや覚え間違いもあると思いますが、後から読み返すことでかえって面白い夢のイメージが連想され、その他の情報を思い出すこともあるので、臆せずそのまま書き留めましょう。

みた夢を投稿する「ドリームサイト」というウェブサイトがいくつか存在します[60]。そこでは、夢に登場したのは人間か（さらには、知っている人か知らない人か、男性か女性か、成人か子どもか）、想像上の動物か事物か、夢に表れたモチーフとの社会的相互作用は攻撃的か友好的か性的か、夢の中の活動は身体的（動作など）か言語的（会話など）か認知的（思考など）か、夢の結末は失敗か成功かなど、その内容を形式的側面から細かく分析し、チェックしていきます。夢の記録を取る時にこれらの分析を参考にすると、自分の夢の特徴がよりはっきりするでしょう。自分以外の人がどんな夢をみているか、興味はありますよね？　ドリームサイトを参照し、他人の夢と自分の夢とを比較することで、自分の夢の傾向がさらに浮かび上がってくるでしょう。

明晰夢を味わう

明晰夢がみられたこと自体に喜び、興奮しすぎて、せっかくみた夢の内容を忘れてしまわないように、しっかりと味わいましょう。以前私が、オーケストラの演奏を間近で鑑賞した明晰夢をみた時は、目覚めた後も夢の中の鮮明な音を頭の中で反芻して、記憶を体験として定着させました。実際のコンサート鑑賞を超えるような貴重な体験だったのを覚えています。

夢日記帳にはみた夢を記録するだけではなく、今晩みたい夢に関するキーワードやストーリーを併記しておくと良いでしょう。みた後で、みたかった夢と実際にみた夢の類似点や相違点も書き留めておきましょう。このような細かい自己フィードバックも、明晰夢をみる上では重要です。

夢に現れた情報が何に由来するかを知りたい人は、現実生活で出会った人、面白かったこと、気になったことなどを夢日記帳に書いておくと、その後の夢の解析が面白くなり、また、自分の心の状態を知る良い手掛かりにもなります。そういった記録が、次にみる夢につながっていくのです。

第十五夜

あなたがデザインする あなたの夢と生活

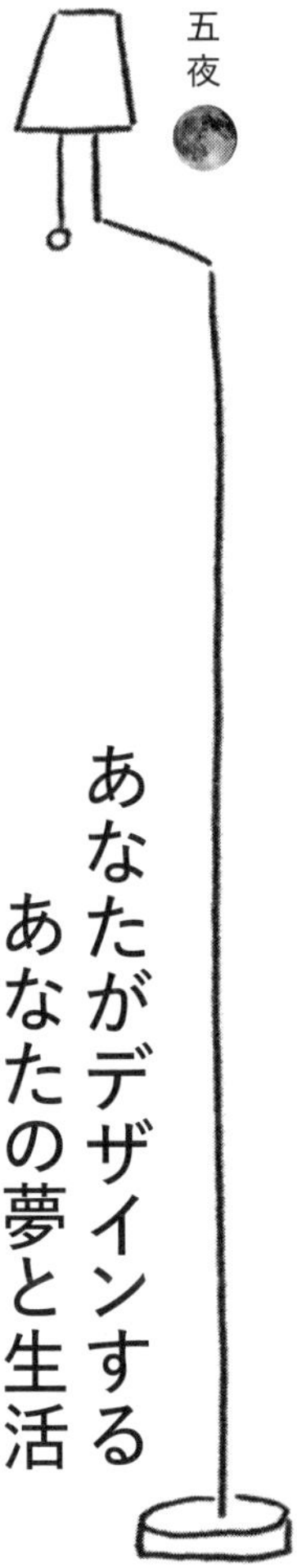

明晰夢にトライする準備をしてきたみなさん、いよいよ最終夜になりました。これまでに学んできた、夢をデザインするための心理学の基礎知識について、振り返っていきましょう。第一夜は「あなたは毎晩みる夢を楽しんでいますか?」でした。〝夢はみさせられるもの〟と思っていた方には、さぞ意外だったことと思います。夢を覚えているかどうかには個人差があって、私が大学の卒業論文で取り組んだテーマもここからでしたが（第六夜）、普段夢なんかほとんど覚えていないという人は、実は自分が毎日いくつも夢をみていたことに加え、世の中には夢をみている状態を認識できる明晰夢をみる人がいることにさらに驚かれたことと思います（第二夜）。

先行き不透明な世の中で、これ以上どう頑張ったら良いのかわからないという人に、せめて楽しく満足のゆく夢をみていただきたいという願いがあるのですが、ここまで本書を読んでくださったみなさんはお気づきのように、私たちは、現実の世界とそれに反応する夢の世界の両方を生きているため、現実生活が苦しい場合には、夢も苦しいものになりがちです。

第三夜の「知らないものは夢には出てこない」でお話ししたように、夢の内容は私たちの記憶のライブラリーから構成されるのです。つまり夢とは、まるで人のいない映画館で上映されている自分史を、自分だけが見ているようなものです。工学系の夢研究者の努力によって、そう遠くない将来に他者の夢を映像化して見られる時代が来るかもしれません。そうなれば、主観的な言語報告に頼るしかなかった夢の内容に関する研究が飛躍的に進むことでしょう。私もとても楽しみです。

その上で、どうすれば自分の夢をコントロールできるのか、はたして明晰夢はみられるのかという命題に挑戦するため、本書ではさまざまなテーマでお話ししてきました。一つは睡眠を整え、たっぷり眠ること（第四夜）。明晰夢をみるためには目覚まし時計をセットしない二度寝もお勧めでした。

次に、夢をよくみる人と性格との関係についてご紹介しました（第五夜）。芸術家や発明家のように創造性の高い人や、さまざまな出来事に敏感に反応してしまう人が明晰夢をみやすいとお話ししましたね。明晰夢はなかなかみられない人の方が多いけれど、協調性の高い方は楽しい夢を多くみます。自分の性格をすぐに変えることは難しいかもしれませんが、日々の出来事の中で性格は変わりうるので、もっと年を重ねてから自分の夢の変遷を振り返ってみることも面白いと思います。

さらに、夢に出てきやすい典型的なテーマには、みなさんもこれまでに体験したことのある夢がたくさん挙がっていたと思います（第八夜）。長い進化の歴史の中で残ってきた夢にみられる通文化性には、原始のヒトが現実世界の脅威・危機を切り抜けるため、夢イメージの中でシミュレーションして準備してきたからだと考えられそうです。私たちがみる夢に、「焦る」「逃げる」「戦う」などの内容が一般的に多いこともその説明の一つになるかもしれません。

夢のテーマには通文化性がある一方、夢のディテールはその時代の現実の生活に即していることも面白いですね。「連絡しようと思うが、電話がつながらない夢」の例に登場する電話機の進歩についてもご紹介しました。私が行なった小学生への夢の調査では、外遊びに関する夢のみならず、ゲームの素材やテーマが多く出現していますし、大学生もゲームやツイッター、オンライン授業など、テクノロジーの発展が夢に反映されています。

第七夜では、明晰夢の中では感覚が鋭敏になることをお話ししました。明晰夢者はときには、夢の中での体験を〝現実の体験を超えるような〟鋭敏な感覚で楽しめるので、うらやましいような気もしますが、毎日のように生々しい夢をみることや長い夢をみて覚えていることも、案外疲れるかもしれません。私は感情的にニュートラルで淡々とした夢や断片的なイメージや思考の夢に関しては、睡眠中の記憶情報の処理が無事完了したと捉えています。

そして、睡眠の健康と病理から夢の機能を再考していきました（第九夜～第十一夜）。たとえ覚えているのが悪夢であったとしても、ネガティブな感情を伴う夢は現実世界での奮闘の表れです。嫌な夢をみた時にこれから起こることの予兆と捉え、現実の生活で行動が消極的になると、予兆を実現させてしまうので、嫌な内容であっても客観的に捉え、問題を解決するために現実的な行動をとることが重要です。夢の中で、現実生活をより良くしようとする自分をモニタリングし、そんな自分を認め、より良い未来を手に入れるための手掛かりとしてほしいと思います。

逆にポジティブな感情を伴う夢をみた時には、自分自身のより良い将来のために現実での行動もより積極的になるでしょう。夢にみる（イメージできる）ということは実現の可能性があることなので、自己成就の予言として、夢を活用して行動してほしいと願っています。

最終章では、明晰夢をみるために、研究者が試行錯誤してきた歴史やそこで生まれた実践的なテクニックについてお話ししました。みなさんの中で、トライしてみた方はいますか？　時々、明晰夢をみられるようになったという人はおめでとうございます！　特別な睡眠を味わって楽しんでいただければと思います。

明晰夢をみられるようになった人の中で、現実生活が辛いからと逃避的に夢を書き換えている方もいらっしゃるでしょうか。その場合、一瞬の満足感は得られるかもしれませんが、現実生活が変わらないといずれその夢はみられなくなることでしょう。

繰り返しますが、我々は夢と現実の両方の世界を生きているのです。生活者であり、主体的なドリームメーカーでもあります。夢を自分から自分へのメッセージと捉え、夢が心と身体の健康のバロメーターとして、かつ将来の生活に役立つ指針として、あなたの人生に活用できることを期待しています。

自分だけの夢分析日記

夢を思い出せる日には、
起きた後できるだけすぐに記録する習慣を身につけるよう意識してみてください

夢の内容

夢の中で脳内に浮かんだイメージをそのままイラストにしても、印象的なシーンや言葉を断片的にメモするのでも大丈夫です。慣れてきたらストーリーのように長く文章にまとめてみましょう。

❶ 現実で起きた直近の出来事

この夢をみた前後の日々で見たもの、出会ったもの、起きた出来事、無意識にふと考えていたこと、悩みや課題といった繰り返していた思考など、思いつく限りできるだけ書き連ねてみましょう。

❷ 連鎖して引っぱり出された情報

①と関連して連想されたもの、言葉、人物、出来事の記憶を思いつくまま書き連ねていきましょう。時系列や論理は考えなくて良いです。

❸ 似たカテゴリーに入る事象や類似する連想

①②で書いた内容を見て、自分の中で同じカテゴリーに分けられるものや、合わさると連想を引き起こすものをグルーピングしてみましょう。自分だけのルールによるものでももちろん大丈夫です。明晰夢をみる引き金が見つかるかもしれません。

おわりに

本書は２０１９年の秋から始まった「あさひてらす」の連載に、大幅な加筆を加えてまとめたものです。２０１９年の春に朝日出版社の仁科えいさんが東洋大学にある研究室にいらしてから、連載の終了までちょうど二年経ちました。連載の間、新型コロナウイルスの世界的流行、それに伴う東京オリンピックの延期など、思いもよらない大きな出来事がたくさんありました。この期間は自粛による在宅時間が増え、みなさんにとっても人とのつながりや働き方・学び方を見直すターニングポイントとなったことでしょう。新しい時代の訪れを感じていらっしゃる方もいるのではないでしょうか。きっと、これら一連の出来事は、読者のみなさん一人ひとりの睡眠や夢にも影響を与えてきたことと思います。

本書は、現実の世界の中では夢を抱きにくいこのご時世に、せめて睡眠中の夢を楽しむことはできないのかという問いがきっかけで始まったものでしたが、現実と夢は双子のような関係であったことに驚いた方もいたことと思います。夢を変えることが、現実生活での自分の行動が変わるヒントになるかもしれません。自分自身の記憶の貯蔵庫から夢に現れた情報を活かして、この難局を乗り切ってほしいと願っています。

人生は選択の連続です。大きな選択をする時には、私はきまって宇宙や天体の夢をみます。人生は過去から現在を経て未来へと続く川の流れのようです。順調に流れている時は夢も静かですが、流れが急に変わる時や流れがせき止められている時の夢は示唆に富んでいます。たとえ悪夢であっても、この難局をどう乗り越えていくか、自分が無意識でどのように戦っているかを映し出します。だから夢は面白いのです。

本書を上梓する過程では、編集担当の仁科えいさんに多大なお力添えをいただきました。毎回の連載原稿に対する仁科さんとの対話に応える過程で、原稿が仕上がっていきました。また毎回の原稿を面白がって読み、コメントをしてくれた夫にも感謝しております。加筆の過程で、図版の整理には平瀬千沙都さんにご協力いただきました。そして本のデザインを「夢と睡眠」のテーマで、加藤愛子さんが素敵に手がけてくださいました。

早稲田大学マスコミ研究会にもご協力いただき、明晰夢にトライした事例を紹介させていただきました。また、岩手大学の松岡和生先生には、認知科学の観点から貴重なご示唆をいただきました。そして何よりも、明晰夢を教えてくださったハイパー能力の持ち主の学生さんに心より感謝いたします。その特徴を活用して、将来クリエイティブにお仕事で活躍されることを願っています。

この本の原稿を書き上げた時に私がみた夢は、Ｋ－ＰＯＰアイドルグループＢＴＳのＶさんの夢でした。ＢＴＳがまだ若い頃の地方巡業ツアーに同行し、出番直前のＶのルイ・ヴィトンのモノグラム風の白いジャケットに、アルファベットや図柄を色とりどりのマーカーで書いて仕上げるという、焦ったけれど楽しいロードムービーのような夢でした。これは仁科さんがご担当されたＫ‐ＰＯＰの本についてお話したことがトリガーとなりみた夢でしょう。

清沢佳世さんが描いてくださった何とも不思議で可愛らしいこの本の装画のように、夢の中は自由な楽しさがあるものです。読者のみなさんが、毎晩新たな人生のスタート地点に立ったようなお気持ちで、今晩みる夢を楽しまれることを祈っています。それでは良い夢を！

松田英子

incidence: A quality effects meta-analysis of 50years of research," *Consciousness and Cognition*, 43 (2016), 197-215.

[52] スティーヴン・ラバージ著、大林正博訳『明晰夢―夢見の技法』春秋社、2005 年。

[53] 厚生労働省「健康づくりのための睡眠指針 2014」2014 年 3 月。

[54] 内山真「睡眠障害の診断・治療ガイドライン作成とその実証的研究班」国立精神・神経センター精神保健研究所、2001 年。

[55] LaBerge S., Phillips L., Levitan L., "An hour of wakefulness before morning naps makes lucidity more likely," *NightLight*, 6: 3 (1994), 1-4.

[56] 松田英子『夢を読み解く心理学』ディスカヴァー・トゥエンティワン（ディスカヴァー携書）、2021 年。

[57] Hearne K., "Lucid dreams: an electro-physiological and psychological study," Ph. D. thesis, Psychology, University of Liverpool, England, 1978.

[58] Voss U., Holzmann R., Hobson A., Paulus W., Koppehele-Gossel J., Klimke A., and Nitsche M. A., "Induction of self awareness in dreams through frontal low current stimulation of gamma activity," *Nature Neuroscience*, 17(2014), 810-812.

[59] LaBerge S., "Substances that enhance recall and lucidity during dreaming," *U.S. Patent Application*, 10: 604 (2004), 138.

[60] A. Schneider and G. William Domhoff, "DreamBank," *Psychology Dept.*, UC Santa Cruz, http://www.dreambank.net/

そのほかの文献

Drinkwater K. G., Denovan A., and Dagnall N., "Lucid Dreaming, Nightmares, and Sleep Paralysis: Associations With Reality Testing Deficits and Paranormal Experience/Belief," *Frontiers in Psychology*, 11 (2020), DOI: 10.3389/fpsyg.2020.00471.

Filevich E., Dresler M., Brick T. R., and Kühn S., "Metacognitive mechanisms underlying lucid dreaming," *Journal of Neuroscience*, 35: 3 (2015), 1082-1088, DOI: 10.1523/JNEUROSCI.3342-14.2015.

Voss U., Schermelleh-Engel K., Windt J., Frenzel C., and Hobson A., "Measuring consciousness in dreams: The lucidity and consciousness in dreams scale," *Consciousness and Cognition*, 22: 1 (2013), 8-21, DOI: 10.1016/j.concog.2012.11.001.

[41] 松田英子、津田彰『睡眠の個人差の理解と心理学的支援―眠りにまつわる問題解決のために～』フィスメック、2015 年。

[42] Siclari F., Valli K., and Arnulf I., "Dreams and nightmares in healthy adults and in patients with sleep and neurological disorders," *The Lancet Neulogy*, 19: 10 (2020), 849-859, DOI: 10.1016/S1474-4422(20)30275-1.

[43] LaBerge S., LaMarca K., and Baird B., "Pre-sleep treatment with galantamine stimulates lucid dreaming: A double-blind, placebo-controlled, crossover study," *PLoS One*, 13: 8 (2018), DOI: 10.1371/journal.pone.0201246.

[44] Levin R., and Nielsen T. A., "Disturbed dreaming, posttraumatic stress disorder, and affect distress: A review and neurocognitive model," *Psychological Bulletin*, 133: 3 (2007), 482-528, DOI: 10.1037/0033-2909.133.3.482.

[45] リチャード・ワインズマン著、木村博江訳『超常現象の科学―なぜ人は幽霊が見えるのか』文藝春秋、2012 年。

[46] Wegner D. M., Wenzlaff R. M., and Kozak M., "Dream Rebound: The Return of Suppressed Thoughts in Dreams," *Psychological Sciences*, 15: 4 (2004), 232-236, DOI: 10.1111/j.0963-7214.2004.00657.x.

[47] Belicki K., "Nightmare frequency versus nightmare distress: relations to psychopathology and cognitive style," *Journal of Abnormal Psychology*, 101: 3 (1992), 592-597, DOI: 10.1037//0021-843x.101.3.592.
岡田斉、松田英子「大学生の体験する悪夢の苦痛度尺度日本語版（NDQ-J）作成の試み」『イメージ心理学研究』, 第 12 巻 41-52 頁（日本イメージ心理学会、2014 年）

[48] Hublin C., Kaprio J., Partinen M., and Koskenvuo M., "Nightmares: familial aggregation and association with psychiatric disorders in a nationwide twin cohort," *American Journal of Medical Genetics*, 88: 4 (1999), 329-336.

[49] Krakow B., and Zadra A., "Clinical Management of Chronic Nightmares: Imagery Rehearsal Therapy," *Behavioral Sleep Medicine*, 4: 1 (2006), 45-70, DOI: 10.1207/s15402010bsm0401_4.

[50] 大江美佐里、内村直尚「心的外傷後ストレス障害の悪夢に対するイメージを利用した治療」『九州神経精神医学』, 第 60 巻第 2 号 92-96 頁（九州精神神経学会、2014 年）。

[51] Saunders D. T., Roe C. A., Smith G., and Clegg H., "Lucid dreaming

1 (2014), 57-66, DOI: 10.1037/a0035857.

[31] Domhoff G. W., "The invasion of the concept snatchers: The origins, distortions, and future of the continuity hypothesis," *Dreaming*, 27: 1 (2017), 14-39, DOI: 10.1037/drm0000047.

[32] 『通販生活』「読者が繰り返し見る夢　どうして遅刻の夢を見るのか？――マジメな人ほど、遅刻してしまう夢をよく見るんです。」カタログハウス、2019年夏号、130-135頁。

[33] Okada H., Matsuoka K., and Hatakeyama T., "Life span differences in color dreaming," *Dreaming*, 21: 3 (2011), 213-220, DOI: 10.1037/a0024084.

König N., Heizmann L. M., Göritz A. S., and Schredl M., "Colors in dreams and the introduction of color TV in Germany: An online study," *International Journal of Dream Research*, 10: 1 (2017), 59-64, DOI: 10.11588/ijodr.2017.1.34577.

[34] 岡田斉、松田英子「大学生を対象とした悪夢の内容別頻度と強度についての調査」『人間科学研究』，第40号121-129頁（文教大学人間科学部、2018年）。

[35] 岡田斉、松田英子「女子大学生の体験する悪夢の頻度に関する調査」『人間科学研究』，第35号81-90頁（文教大学人間科学部、2013年）

岡田斉、松田英子「大学生を対象とした悪夢の内容別頻度と強度についての調査」『人間科学研究』，第40号121-129頁（文教大学人間科学部、2018年）。

Schredl M., and Göritz A. S., "Nightmare Themes: An Online Study of Most Recent Nightmares and Childhood Nightmares," *Journal of Clinical Sleep Medicine*, 14: 3 (2018), 465-471.

[36] 松田英子、吉原勝、川瀬洋子「児童の発達障害特性と夢の報告に関する調査研究―夢と悪夢に関する質的データの解析」『ストレスマネジメント研究』，第16巻第2号60-61頁（日本ストレスマネジメント学会、2020年）。

[37] ケヴィン・ネルソン著、小松淳子訳『死と神秘と夢のボーダーランド―死ぬとき、脳はなにを感じるか』インターシフト、2013年。

[38] ミッシェル・ジュヴェ著、北浜邦夫訳『睡眠と夢』紀伊國屋書店、1997年。

[39] Arnulf I., "The 'scanning hypothesis' of rapid eye movements during REM sleep: A review of the evidence," *Archives Italiennes de Biologie*, 149: 4 (2011), 367-382, DOI: 10.4449/aib.v149i4.1246.

[40] アメリカ精神医学会著、日本精神神経学会監修『DSM-5　精神疾患の診断・統計マニュアル』医学書院、2014年。

[17] 松田英子『夢想起メカニズムと臨床的応用』風間書房、2006 年。

[18] Schredl M., Henley-Einion J., and Blagrove M., “Lucid dreaming and personality in children/adolescents and adults: The UK library study,” *International Journal of Dream Research*, 9: 1 (2016), 75-78.

[19] Doll E., Gittler G., and Holzinger B., “Dreaming, Lucid Dreaming and Personality,” *International Journal of Dream Research*, 2: 2 (2009), 52-57.

[20] 鈴木千恵、松田英子「夢想起の個人差に関する研究―夢想起の頻度にストレスとビックファイブパーソナリティ特性が及ぼす影響」『ストレス科学研究』, 第 27 巻 71-79 頁（パブリックヘルスリサーチセンター、2012 年）。

[21] 松田英子「日本におけるコロナウイルス・パンデミック・ドリームの実際―成人女性 3 事例の夢資料に関する質的解析」『イメージ心理学研究』, 第 18 巻第 1 号 1-6 頁（日本イメージ心理学会、2020 年）。

[22] 松田英子、松岡和生「日本の大学生のコロナウイルス・パンデミックドリームの継時的変化に関する研究―自粛生活と夢内容の関連の分析」, 日本心理学会第 85 回大会発表論文集、2021 年。

[23] 岡田斉「夢想起における感情別体験頻度」『人間科学研究』, 第 23 号 45-53 頁（文教大学人間科学部、2001 年）。

[24] Valli K., and Robert J. H., *Dreams: Understanding Biology, Psychology, and Culture*, Greenwood, 2019.

[25] 岡田斉「夢想起における感覚モダリティ別体験頻度」『人間科学研究』, 第 22 号 139-147 頁（文教大学人間科学部、2000 年）。

[26] エリエザー・J・スタンバーグ著、水野涼訳『人はなぜ宇宙人に誘拐されるのか?―自我を形作る「意識」と「無意識」の並列システム』竹書房、2017 年。

[27] Okada H., and Wakasaya K., “Dreams of hearing-impaired, compared with hearing, individuals are more sensory and emotional,” *Dreaming*, 26: 3 (2016), 202-207.

[28] NOVA PBS, “Dream Hacking: Watch3Groundbreaking Experiments an Decisions, Addictions, and Sleep,” Feb. 18. 2021, https://www.pbs.org/video/dream-hacking-decisions-addictions-and-sleep-m0rsvr/

[29] Baird B., Riedner B. A., Boly M., Davidson R. J., and Tononi G., “Increased lucid dream frequency in long-term meditators but not following MBSR training,” *Psychology of Consciousness*, 6: 1 (2019), 40-54, DOI: 10.1037/cns0000176.

[30] Mathes J., and Schredl M., and Göritz A. S., “Frequency of Typical Dream Themes in Most Recent Dreams: An Online Study,” *Dreaming*, 24:

参考文献

[1] 岸本寛史編著『ニューロサイコアナリシスへの招待』誠信書房、2015 年。

[2] マーク・ソームズ、オリヴァー・ターンブル著、平尾和之訳『脳と心的世界—主観的経験のニューロサイエンスへの招待』星和書店、2007 年。

[3] 著者作成

[4] Horikawa T., Tamaki M., Miyawaki Y., and Kamitani Y., “Neural Decoding of Visual Imagery During Sleep,” *Science* 340: 6132 (2013), 639-642, DOI: 10.1126/science.1234330.

[5] マイケル・コーバリス著、鍛原多恵子訳『意識と無意識のあいだ—「ぼんやり」したとき脳で起きていること』講談社（ブルーバックス）、2015 年。

[6] Filevich E., Dresler M., Brick T. R., and Kuhn S., “Metacognitive Mechanisms Underlying Lucid Dreaming,” *Journal of Neuroscience*, 35: 3 (2015), 1082-1088.

[7] Nielsen T. A., Kuiken D., Alain G., Stenstrom P., and Powell R. A., “Immediate and delayed incorporations of events into dreams: further replication and implications for dream function,” *Journal of Sleep Research*, 13: 4 (2004), 327-336.

[8] 松田英子『夢を読み解く心理学』ディスカヴァー・トゥエンティワン（ディスカヴァー携書）2021 年、31 頁に加筆。

[9] © Salvador Dalí, Fundación Gala-Salvador Dalí/ VEGAP, Madrid.

[10] Domhoff W., *The Emergence of Dreaming: Mind-Wandering, Embodied Simulation, and the Default Network*, Oxford University Press, 2017.

[11] Barrett D., *The Committee of Sleep: How Artists, Scientists, and Athletes Use Dreams for Creative Problem-Solving--and How You Can Too*, Oneiroi Press, 2001.

[12] Baird B., Mota-Rolim S. A., and Dresler M., “The cognitive neuroscience of lucid dreaming,” *Neuroscience and Biobehavioral Reviews*, 100 (2019), 305-323, DOI: 10.1016/j.neubiorev.2019.03.008.

[13] LaBerge S., *Lucid dreaming*, Los Angeles: J. P. Tarcher, 1985.

[14] 三田一郎『科学者はなぜ神を信じるのか—コペルニクスからホーキングまで』講談社（ブルーバックス）、2018 年。

[15] OECD, “Gender data portal,” 2021.

[16] 宮内哲、寒重之「急速眼球運動と夢見—Seeing a dreaming brain—」『睡眠医療』, 第 9 巻第 4 号 509-518 頁（株式会社ライフ・サイエンス、2015 年）。

著者紹介

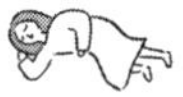

松田英子
（まつだ・えいこ）

東洋大学社会学部心理学科教授。公認心理師・臨床心理士。お茶の水女子大学文教育学部卒、お茶の水女子大学大学院人間文化研究科単位取得満期退学、博士（人文科学）。専門は臨床心理学、パーソナリティ心理学、健康心理学。著書に『夢と睡眠の心理学—認知行動療法からのアプローチ』（風間書房）、『眠る』（二瓶社）、『図解　心理学が見る見るわかる』（サンマーク出版）、『夢を読み解く心理学』（ディスカヴァー・トゥエンティワン）など多数。睡眠の改善から心の健康を高めることに関心がある。

装画・挿画…………清沢佳世
ブックデザイン……加藤愛子（オフィスキントン）
DTP…………………………濱井信作（compose）
編集…………………………仁科えい（朝日出版社）

はじめての明晰夢　夢をデザインする心理学

2021年10月27日　初版第1刷発行

著者　松田英子
発行者　原 雅久
発行所　株式会社 朝日出版社
〒101-0065 東京都千代田区西神田 3-3-5
tel. 03-3263-3321　fax. 03-5226-9599
https://www.asahipress.com/

印刷・製本　凸版印刷株式会社

ISBN978-4-255-01253-7 C0095